Stephan Goldschmidt

Die Seele zum Klingen bringen

Stephan Goldschmidt

Die **Seele** zum **Klingen** bringen

Andachten und Impulse zu den
Sonn- und Feiertagen des Kirchenjahres
Zur Predigtreihe VI

 neukirchener

Sämtliche Bibeltexte sind entnommen aus: Lutherbibel, revidiert 2017 © 2016
Deutsche Bibelgesellschaft, Stuttgart.

Bibliografische Information der Deutschen Nationalbibliothek:
Die Deutsche Nationalbibliothek verzeichnet diese Publikation in der
Deutschen Nationalbibliografie; detaillierte bibliografische Daten sind im
Internet über http://dnb.d-nb.de abrufbar.

© 2023 Neukirchener Verlagsgesellschaft mbH, Neukirchen-Vluyn
Alle Rechte vorbehalten
Umschlaggestaltung: Grafikbüro Sonnhüter, www.grafikbuero-sonnhueter.de, unter
Verwendung eines Bildes © elodea.proteus (shutterstock.com)
Lektorat: Anna Böck
Layout: Magdalene Krumbeck, Wuppertal
DTP: Burkhard Lieverkus, Wuppertal
Verwendete Schriften: Chaparral Pro, Priva TwoPro
Gesamtherstellung: Dimograf Sp. z o.o., Bielsko-Biala
Printed in Poland
ISBN 978-3-7615-6940-5

www.neukirchener-verlage.de

Inhalt

Vorwort

Kurz und knapp muss es manchmal sein. Andachten, die länger als drei bis vier Minuten dauern, wirken vielfach behäbig. Fragt man die Zuhörenden, sprechen sich die meisten für kurze Impulse aus als für lange Reden. In diesem Buch finden sich solche Kurztexte. Sie wurden zu den Predigttexten der Predigtreihe VI verfasst. Sie sind als Andachten konzipiert, können aber auch für die Predigtvorbereitung herangezogen werden. Sie besitzen in der Regel 2.000 Zeichen und sind gelesen nur drei bis vier Minuten lang.

Die Texte sollen das geistliche Leben bereichern oder sie werden als Impulse verwendet, die Pfarrpersonen oder Prädikantinnen und Prädikanten erste Ideen für den Prozess des Predigtmachens geben. Die Impulse sind elementar gehalten und greifen in aller Regel nur einen Gedanken auf, der mit dem vorgegebenen Bibeltext korrespondiert.

Außerdem können die Impulse als Leseandachten verwendet werden. Zum Beispiel geben sie Ehrenamtlichen, die in kleinen Gottesdiensten, die ohne Mitwirkung von Haupt- und Nebenamtlichen mehr und mehr gefeiert werden, etwas an die Hand. So können in kleinen Orten auch dann regelmäßig gottesdienstliche Feiern stattfinden, wenn es immer weniger Pfarrpersonen gibt. Oder sie werden bei Werktags-Gottesdiensten in den Kirchen größerer Städte verwendet.

Ich wünsche den Nutzerinnen und Nutzern viel Freude mit den Impulsen.

Hannover, im April 2023
Stephan Goldschmidt

1. Advent

Lesung: Psalm 24,1-10

Ein Psalm Davids.
Die Erde ist des Herrn und was darinnen ist,
der Erdkreis und die darauf wohnen.
Denn er hat ihn über den Meeren gegründet
und über den Wassern bereitet.
Wer darf auf des Herrn Berg gehen,
und wer darf stehen an seiner heiligen Stätte?
Wer unschuldige Hände hat und reinen Herzens ist,
wer nicht bedacht ist auf Lüge und nicht schwört zum Trug:
der wird den Segen vom Herrn empfangen
und Gerechtigkeit von dem Gott seines Heiles.
Das ist das Geschlecht, das nach ihm fragt,
das da sucht dein Antlitz, Gott Jakobs. Sela.
Machet die Tore weit und die Türen in der Welt hoch,
dass der König der Ehre einziehe!
Wer ist der König der Ehre?
Es ist der Herr, stark und mächtig,
der Herr, mächtig im Streit.
Machet die Tore weit und die Türen in der Welt hoch,
dass der König der Ehre einziehe!
Wer ist der König der Ehre?
Es ist der Herr Zebaoth;
er ist der König der Ehre. Sela.

IMPULS: Es ist ein Paukenschlag, mit dem der Advent beginnt: „Machet die Tore weit und die Türen in der Welt hoch". Oder auch: „Macht hoch die Tür, die Tor macht weit". Man kann diese Worte kaum lesen oder hören, ohne eine Melodie mitzuhören, durch die die Aufforderung unterstrichen wird, für Gott Türen und Tore zu öffnen.

Doch diese festlichen Worte und Töne werfen sehr zentrale Fragen auf: Wie können wir Menschen uns und unsere Umgebung für Gott öffnen? Können wir ihm Tore und Türen aufschließen? Und damit etwas dazu beitragen, dass Gott in diese Welt kommt? Ist es nicht so, dass Gott und Welt schon seit jeher aufs engste zusammengehören? Gott ist doch längst da. Er hat die Erde gegründet. Der Erdkreis ist sein Werk. Die Grenze zwischen Gottes Welt und Menschenwelt ist von Anfang an durchlässig. Gott ist da, bevor wir ihm die Türen und Tore öffnen. Wir können nur dazu beitragen, dass Gott zu uns kommt. Dass wir befreit werden von der Vorstellung, Gott habe die Welt und uns alleingelassen.

Psalm 24 hat sehr klare Vorstellungen davon, was wir tun können, damit wir uns Gott nahe wissen: Er sucht Menschen mit unschuldigen Händen und reinem Herzen, die vor allem das Lügen meiden. Das ist ein Paukenschlag im aktuellen, postfaktischen Zeitalter, in dem es nicht mehr in erster Linie auf den Wahrheitsgehalt der Aussagen ankommt, sondern auf die Wirkungen, die sie hinterlassen. Alternative Fakten, also Fakenews, bestimmen das Leben in der Gegenwart in einer nie dagewesenen Weise. Hier kommen sofort die Gestalten aktueller Politiker in den Sinn, die ohne Skrupel lügen und Lügengeschichten von sich geben. Beispielsweise um einen völkerrechtswidrigen Krieg zu rechtfertigen. Aber auch wir leben in diesem postfaktischen Zeitalter und sind davon mehr beeinflusst, als wir denken. Auch wir leben in Blasen, in denen jeweils bestimmte Wahrheiten gelten. Auch wir nehmen die Welt mit einer dem Umfeld angepassten und eingefärbten Brille wahr. Wer Gott die Türen und Tore öffnet, fängt genau hier an, legt die Halbwahrheiten und Notlügen zur Seite und beginnt, Gott Türen und Tore des eigenen Lebens zu öffnen.

2. Advent

Lesung: Offenbarung an Johannes 3,7-13

Dem Engel der Gemeinde in Philadelphia schreibe:

Das sagt der Heilige, der Wahrhaftige,

der da hat den Schlüssel Davids,

der auftut, und niemand schließt zu,

und der zuschließt, und niemand tut auf:

Ich kenne deine Werke.

Siehe, ich habe vor dir eine Tür aufgetan,

die niemand zuschließen kann;

denn du hast eine kleine Kraft

und hast mein Wort bewahrt

und hast meinen Namen nicht verleugnet.

Siehe, ich werde einige schicken

aus der Versammlung des Satans,

die sagen, sie seien Juden, und sind 's nicht, sondern lügen.

Siehe, ich will sie dazu bringen, dass sie kommen sollen

und zu deinen Füßen niederfallen

und erkennen, dass ich dich geliebt habe.

Weil du mein Wort von der Geduld bewahrt hast,

will auch ich dich bewahren vor der

Stunde der Versuchung,

die kommen wird über den ganzen Weltkreis,

zu versuchen, die auf Erden wohnen.

Ich komme bald;
halte, was du hast, dass niemand deine Krone nehme!
Wer überwindet, den will ich machen
zum Pfeiler in dem Tempel meines Gottes,
und er soll nicht mehr hinausgehen,
und ich will auf ihn schreiben den Namen meines Gottes
und den Namen der Stadt meines Gottes,
des neuen Jerusalem,
das vom Himmel herniederkommt von meinem Gott,
und meinen Namen, den neuen.
Wer Ohren hat,
der höre, was der Geist den Gemeinden sagt!

IMPULS: „Du hast eine kleine Kraft", heißt es im Sendschreiben an die Gemeinde Philadelphia. Nicht gerade ein Kompliment. Eher ein vernichtendes Urteil – zumindest auf den ersten Blick. In einer Welt, in der alles groß und stark sein muss, ist eine kleine Kraft zu wenig. Doch dann zeigt sich beim zweiten Hinschauen, dass die begrenzten Kräfte gelobt werden. Die Gemeinde in Philadelphia ist Gott und seinem Wort treu geblieben. Was anderen Gemeinden in der Zeit der Verfolgung und vor lauter Ungeduld nicht gelungen war. Außerdem urteilt Gott mit anderen Maßstäben als unsere Leistungsgesellschaft. In seinen Augen ist das Kleine immer genauso wichtig wie das Große. Mehr noch – er achtet mit besonderer Liebe auf das Kleine.

Der Schlüssel, durch den es den Philadelphiern gelingt, treu zu sein, ist ihre Geduld. Eine Tugend, die es braucht, um düstere Zeiten auszuhalten. Und um Gottes Zusage zu trauen: „Ich komme bald!" Geduld ist die Fähigkeit, schon heute das vorwegzunehmen, was kommen wird. Manchmal braucht es viel Phantasie, sich in einem durchschnittlichen Leben vorstellen, dass das Gottvertrauen am Ende mit einem Siegeskranz belohnt wird, wie es in Vers 11 verheißt.

Die Adventszeit macht die Geduld innerhalb des Kirchenjahres zum Thema. Gleichzeitig zeigt sie, wie falsch es ist, wenn Geduld mit Langeweile verwechselt wird. Langeweile versuchen wir so schnell wie möglich zu überbrücken. Wartezeiten erscheinen wie verschwendet. Lieber rufen wir im digitalen Zeitalter alles punktgenau ab. Wir wollen alles möglichst sofort haben. Der Soziologe Andreas Reckwitz spricht von einer „Verzichtsaversion", die die gegenwärtige Gesellschaft erfasst hat. Warten und Geduld erscheinen geradezu gestrig.

Der Advent lädt uns Jahr für Jahr ein, trotzdem geduldig zu sein und uns so auf Weihnachten vorzubereiten. Die Adventswochen sind nicht öde oder langweilig. Sie sind die Zeit, in der sich die Tür ganz langsam öffnet, Schritt für Schritt. Bis sie am Ende ganz offen steht und den Blick freigibt: auf den hell erleuchteten Weihnachtsbaum und auf die Geschenke oder auch auf das Kind in der Krippe, in dem Gott zu uns kommt, um mitten unter uns zu wohnen.

3. Advent

Lesung: Matthäus 11,2-10

Da Johannes im Gefängnis von den Werken Christi hörte,
sandte er seine Jünger und ließ ihn fragen:
Bist du, der da kommen soll,
oder sollen wir auf einen andern warten?
Jesus antwortete und sprach zu ihnen:
Geht hin und sagt Johannes wieder, was ihr hört und seht:
Blinde sehen und Lahme gehen,
Aussätzige werden rein und Taube hören,
Tote stehen auf und Armen wird das Evangelium gepredigt;
und selig ist, wer sich nicht an mir ärgert.
Als sie fortgingen, fing Jesus an,
zu dem Volk über Johannes zu reden:
Was zu sehen seid ihr hinausgegangen in die Wüste?
Ein Schilfrohr, das vom Wind bewegt wird?
Oder was zu sehen seid ihr hinausgegangen?
Einen Menschen in weichen Kleidern?
Siehe, die weiche Kleider tragen,
sind in den Häusern der Könige.
Oder was zu sehen seid ihr hinausgegangen?
Einen Propheten?
Ja, ich sage euch: Er ist mehr als ein Prophet.
Dieser ist's, von dem geschrieben steht:
„Siehe, ich sende meinen Boten vor dir her,
der deinen Weg vor dir bereiten soll."

IMPULS: Innere Bilder bestimmen die Wirklichkeit oft mehr als gedacht. Vor allem, wenn sie in Widerspruch zu äußeren Bildern geraten und den Realitätstest nicht bestehen. Das gilt auch beim Verhältnis zwischen Jesus und Johannes. Es ist weit komplizierter, als es den Anschein hat. Johannes gibt ein besonderes Bild ab. Er provoziert mit seinen Worten und seinem ganzen Auftreten – wie früher die Propheten. Er zieht sich in die Wüste zurück und lebt von dem wenigen, was sich dort finden lässt. Er trägt keine weichen Kleider, sondern ein Büßergewand. Johannes setzt ein Statement. Er verzichtet auf jeden Luxus, weil in seinen Augen die gute Zeit längst vorbei ist. Die Axt ist schon an die Wurzel gelegt. Es ist kurz vor zwölf – Zeit umzukehren.

Doch Jesus tritt anders auf als Johannes. Es zieht ihn zu den Menschen, nicht in die Wüste. Er lebt zwar ähnlich bescheiden, aber ist dem guten Leben nicht abgeneigt. Wo er ist, da geht es schon heute zu wie im Reich Gottes. Fest und Feier statt Askese. Alle sollen sich geliebt wissen. Und von Gott angenommen. Nicht Buße wie bei Johannes. Sondern Liebe im Überfluss. Das Auftreten Jesu ist nicht weniger provozierend wie das des Täufers. Er passt genauso wenig in ein Schema wie Johannes. Auch Jesus entzieht sich dem Diktat der inneren Bilder. Sollen sie ihn doch für einen Fresser und Weinsäufer halten! Oder für einen Freund der Zöllner und Sünder.

Auch Johannes hat Mühe mit dem Bild, das Jesus in der Öffentlichkeit zeigt. Ist Jesus wirklich der, der kommen wird? Kann er die Axt sein, von der Johannes gesprochen hat, die dem Baum schon an die Wurzel gelegt ist? Der Kontrast zwischen den beiden kann kaum größer sein. Kein Wunder, dass Johannes nachfragt: „Sollen wir auf einen anderen warten?" Aus seiner Sicht ist das verständlich. Was wird Jesus antworten? Auch er orientiert sich an den alten prophetischen Worten. Aber er erinnert daran, dass Jesaja nicht nur vom Gericht spricht, sondern auch von Freude und Fröhlichkeit. Es ist gut, sich kurz vor Weihnachten daran zu erinnern, dass Fülle und Freude zum Glauben dazugehören. Und Feiern und Fröhlichsein ganz im Sinne Jesu sind.

4. Advent

Lesung: Jesaja 62,1-5
Um Zions willen will ich nicht schweigen,
und um Jerusalems willen will ich nicht innehalten,
bis seine Gerechtigkeit aufgehe wie ein Glanz
und sein Heil brenne wie eine Fackel,
dass die Völker sehen deine Gerechtigkeit
und alle Könige deine Herrlichkeit.
Und du sollst mit einem neuen Namen genannt werden,
welchen des Herrn Mund nennen wird.
Und du wirst sein eine schöne Krone in der Hand des Herrn
und ein königlicher Reif in der Hand deines Gottes.
Man soll dich nicht mehr nennen „Verlassene"
und dein Land nicht mehr „Einsame",
sondern du sollst heißen „Meine Lust"
und dein Land „Liebe Frau";
denn der Herr hat Lust an dir,
und dein Land hat einen lieben Mann.
Denn wie ein junger Mann eine Jungfrau freit,
so wird dich dein Erbauer freien,
und wie sich ein Bräutigam freut über die Braut,
so wird sich dein Gott über dich freuen.

IMPULS: Noch einmal ganz von vorne beginnen, sich noch einmal neu erfinden, das ist der Traum vieler Menschen. Vor allem dann, wenn sie in ein vorgerücktes Alter kommen. Von einem solchen Neuanfang spricht Jesaja. In Jerusalem wird alles neu, behauptet der Prophet. Bald schon soll die Stadt in neuem Glanz dastehen. Sie wird ein Ort sein, über den alle Welt nur staunen kann. Ein leuchtendes Beispiel der Gerechtigkeit, wo der Geringe sein Recht genauso durchsetzt wie der Vornehme und wo Gott gegenwärtig ist auf eine unmittelbare Weise.

Als Zeichen für diesen Neubeginn soll Jerusalem einen anderen Namen erhalten. Ein neuer Name bedeutet, dass sich etwas ganz Wesentliches ändert. Namenswechsel kennen wir im Zusammenhang einer Trauung, wenn zwei Menschen sich innig miteinander verbinden. Der Name, mit dem wir genannt werden, ist alles andere als neutral. Das gilt erst recht für den neuen Namen. Er zeigt, dass der alte Trott verlassen wurde und nichts mehr so ist, wie es war. Jerusalem ist nicht mehr die „Verlassene" oder die „Einsame". Ihr Name zeigt, dass sie an Attraktivität gewonnen hat, dass sogar Gott Lust an ihr hat.

Es mag erstaunen, wie Jesaja die Sprache der partnerschaftlichen Liebe verwendet, um Gottes Sehnsucht nach seinem Volk und nach der Hauptstadt Jerusalem zu beschreiben. Wie ein junger Mann freut sich Gott auf seine Braut. Die Liebe zwischen Gott und den Seinen soll wieder jung werden, feurig und heiß. Und diese Liebe gilt wechselseitig. Es gibt nicht nur die Sehnsucht der Menschen auf das baldige Kommen Gottes, sondern es gibt auch umgekehrt das Verlagen Gottes nach den Seinen. Das ist ein ganz neues Verständnis von Advent. Nicht nur wir Menschen warten darauf, dass Gott kommt. Sondern Gott wartet darauf, endlich mit seiner brennenden Liebe einziehen zu können in unsere Herzen. Gott hat Lust auf uns! Er freut sich schon lange, die Kluft zwischen Himmel und Erde zu überbrücken und hinabzukommen, um unter uns zu wohnen.

Christvesper

Lesung: Galaterbrief 4,4-7

Als die Zeit erfüllt war, sandte Gott seinen Sohn,
geboren von einer Frau und unter das Gesetz getan,
auf dass er die, die unter dem Gesetz waren, loskaufte,
damit wir die Kindschaft empfingen.
Weil ihr nun Kinder seid,
hat Gott den Geist seines Sohnes gesandt in unsre Herzen,
der da ruft: Abba, lieber Vater!
So bist du nun nicht mehr Knecht, sondern Kind;
wenn aber Kind, dann auch Erbe durch Gott.

IMPULS: Gottes Sohn wird Mensch. Ein unglaublicher Gedanke. Himmel und Erde kommen sich so nahe, dass die Grenze aufgehoben ist zwischen der göttlichen und der menschlichen Welt. Von nun an gilt die alte Aufteilung in oben und unten nicht mehr. „Fürchtet euch nicht!", sagt der Engel den Hirten. Die Angst vor der göttlichen Sphäre findet mit Weihnachten ihr Ende.

Paulus spinnt diesen Gedankenfaden weiter. Wenn Gottes Sohn geboren wird, dann wirkt sich das auf alle Menschen aus. Wenn Gottes Sohn unter den Bedingungen dieser Welt lebt und die Fragilität der menschlichen Existenz annimmt, dann entsteht ein neues Verhältnis zwischen Gott und uns Menschen. Oder anders gesagt: Mit Jesus wagt Gott einen Neustart mit der ganzen Welt. Jesus wird für uns zum Bruder. Und wir sind fortan seine Geschwister – also Kinder Gottes.

Was aber bedeutet es, ein Gotteskind zu sein? Ist das nicht eine Aufgabe, die unsere Fähigkeiten auf eine harte Probe stellt? Ist es vielleicht eine Überforderung, ein Kind Gottes zu sein? Weil Jesus wie der sprichwörtliche große Bruder ist, dem es nachzueifern gilt? Das wäre tatsächlich unrealistisch. Weil wir auch als Christen nicht so leben, wie wir es gerne täten. Und wie es Gottes Geboten entspricht. Dem Ziel, Gottes Kinder zu sein, hinken wir unser Leben lang hinterher. Aber das hat Gott längst im Blick. Kinder haben das Vorrecht, sich spielerisch auszuprobieren. Sie dürfen Fehler machen. Sie müssen nicht von Anfang an perfekt sein. Sie haben Zeit, nach und nach in ihre Rolle hineinzuwachsen. Bis sie als Erbe auftreten, ist es noch lange hin. Eltern wünschen sich von ihren Kindern nicht, dass sie wie kleine Erwachsene schon alles können. Ihr größter Herzenswunsch ist vielmehr, von den Kindern geliebt zu werden. Das ist bei Gott nicht anders. Auch er hat den sehnlichen Wunsch, geliebt zu sein. Darum lässt er sich „Papa" rufen. Und kommt uns an Weihnachten in einem Kind nahe, das unsere zärtlichsten Gefühle weckt.

Christnacht

Lesung: Lukas 2,1-20

Es begab sich aber zu der Zeit,
dass ein Gebot von dem Kaiser Augustus ausging,
dass alle Welt geschätzt würde.
Und diese Schätzung war die allererste
und geschah zur Zeit, da Quirinius Statthalter in Syrien war.
Und jedermann ging, dass er sich schätzen ließe,
ein jeglicher in seine Stadt.
Da machte sich auf auch Josef aus Galiläa,
aus der Stadt Nazareth,
in das judäische Land zur Stadt Davids,
die da heißt Bethlehem,
darum dass er von dem Hause und Geschlechte Davids war,
auf dass er sich schätzen ließe
mit Maria, seinem vertrauten Weibe; die war schwanger.
Und als sie daselbst waren,
kam die Zeit, dass sie gebären sollte.
Und sie gebar ihren ersten Sohn
und wickelte ihn in Windeln und legte ihn in eine Krippe;
denn sie hatten sonst keinen Raum in der Herberge.
Und es waren Hirten in derselben Gegend
auf dem Felde bei den Hürden,
die hüteten des Nachts ihre Herde.
Und des Herrn Engel trat zu ihnen,
und die Klarheit des Herrn leuchtete um sie;
und sie fürchteten sich sehr.
Und der Engel sprach zu ihnen: Fürchtet euch nicht!
Siehe, ich verkündige euch große Freude,
die allem Volk widerfahren wird;
denn euch ist heute der Heiland geboren,
welcher ist Christus, der Herr, in der Stadt Davids.

Und das habt zum Zeichen:
Ihr werdet finden das Kind in Windeln gewickelt
und in einer Krippe liegen.
Und alsbald war da bei dem Engel
die Menge der himmlischen Heerscharen,
die lobten Gott und sprachen:
Ehre sei Gott in der Höhe
und Friede auf Erden
bei den Menschen seines Wohlgefallens.
Und da die Engel von ihnen gen Himmel fuhren,
sprachen die Hirten untereinander:
Lasst uns nun gehen gen Bethlehem
und die Geschichte sehen, die da geschehen ist,
die uns der Herr kundgetan hat.
Und sie kamen eilend und fanden beide, Maria und Josef,
dazu das Kind in der Krippe liegen.
Da sie es aber gesehen hatten, breiteten sie das Wort aus,
welches zu ihnen von diesem Kinde gesagt war.
Und alle, vor die es kam, wunderten sich über die Rede,
die ihnen die Hirten gesagt hatten.
Maria aber behielt alle diese Worte
und bewegte sie in ihrem Herzen.
Und die Hirten kehrten wieder um,
priesen und lobten Gott
für alles, was sie gehört und gesehen hatten,
wie denn zu ihnen gesagt war.

IMPULS: Gott hat ein Herz für die Übersehenen, die im Schatten leben und die nicht vom grellen Scheinwerferlicht des Lebens in Szene gesetzt werden. Das lässt sich auch bei den Figuren der Weihnachtsgeschichte entdecken. Besonders gut bei Josef, der mehr und mehr in den Hintergrund gerät und der während der ganzen Geschichte ein wenig abseits zu stehen scheint. Aber gerade das macht ihn so sympathisch. Er mag wenig sagen. Aber er ist da, wenn er gebraucht wird. Wenn es nur mehr solche Männer gäbe wie Josef, für die es in Ordnung ist, im Halbschatten zu stehen, die nicht immer das große Wort führen müssen und die einfach da sind. Er stellt fast ein Gegenbild zu manchen Männerbildern der Gegenwart dar.

Auch die Hirten hat Gott ins Herz geschlossen. Sie gehören zu denen, die leicht übersehen werden. Zur Zeit Jesu waren sie wenig geachtet. Außenseiter, die mit ihren Herden nur zu bestimmten Zeiten geduldet waren. Sie durften das Kulturland mit ihren Tieren nur betreten, wenn die Ernte vorüber war. Nach der Aussaat mussten sie zurück in die Steppe. In der Weihnachtsgeschichte bekommen sie eine besondere Rolle. Ihnen verkündigt der Engel das Wunder der Geburt Jesu. Und sie sind es auch, die davon weitererzählen. Sie sind im wahrsten Sinne des Wortes die ersten Pastoren, die die Botschaft des Engels weitertragen zu den Menschen, denen sie begegneten und die sich „wunderten über die Rede, die ihnen die Hirten gesagt hatten." Vor allem aber scheinen auch Maria und Josef erst durch die Hirten eine Ahnung davon zu bekommen, wie besonders diese Nacht ist, in der Jesus geboren wird. Maria nimmt die Worte der Hirten sehr ernst. Sie bewegt sie in ihrem Herzen. Nicht nur in der Heiligen Nacht. Sie wird sich an sie in den Jahren erinnern, in denen Jesus aufwächst, er seinen Weg findet, seine Jüngerschaft um sich sammelt und sich besonders um die Außenseiter seiner Zeit kümmert. Und ihnen zeigt, dass Gott gerade für sie da ist.

1. Weihnachtsfeiertag

Lesung: 2. Buch Mose 2,1-10
Es ging hin ein Mann vom Hause Levi
und nahm eine Tochter Levis zur Frau.
Und sie ward schwanger und gebar einen Sohn.
Und als sie sah, dass es ein feines Kind war,
verbarg sie ihn drei Monate.
Als sie ihn aber nicht länger verbergen konnte,
nahm sie ein Kästlein von Rohr für ihn
und verklebte es mit Erdharz und Pech
und legte das Kind hinein
und setzte das Kästlein in das Schilf am Ufer des Nils.
Aber seine Schwester stand von ferne,
um zu erfahren, wie es ihm ergehen würde.
Und die Tochter des Pharao ging hinab
und wollte baden im Nil,
und ihre Dienerinnen gingen am Ufer hin und her.
Und als sie das Kästlein im Schilf sah,
sandte sie ihre Magd hin und ließ es holen.
Und als sie es auftat, sah sie das Kind,
und siehe, das Knäblein weinte.
Da jammerte es sie,
und sie sprach: Es ist eins von den hebräischen Kindlein.
Da sprach seine Schwester zu der Tochter des Pharao:
Soll ich hingehen
und eine der hebräischen Frauen rufen, die da stillt,
dass sie dir das Kindlein stille?

26

Die Tochter des Pharao sprach zu ihr: Geh hin.
Das Mädchen ging hin und rief die Mutter des Kindes.
Da sprach die Tochter des Pharao zu ihr:
Nimm das Kindlein mit und stille es mir;
ich will es dir lohnen.
Die Frau nahm das Kind und stillte es.
Und als das Kind groß war,
brachte sie es der Tochter des Pharao,
und es ward ihr Sohn, und sie nannte ihn Mose;
denn sie sprach: Ich habe ihn aus dem Wasser gezogen.

IMPULS: Die Geburt eines Kindes ist immer mit Hoffnungen verbunden. So ist es an Weihnachten und so ist es bei der Geburt eines jeden Kindes bis heute. Moses Kindheitsgeschichte hat bemerkenswerte Parallelen mit der Weihnachtsgeschichte. Auch Mose kommt im Verborgenen zur Welt. Und auch sein Leben ist in Gefahr. Der Pharao trachtet den hebräischen Kindern nach dem Leben. Er erscheint wie ein Vorläufer des kindermordenden Herodes, vor dem Jesus in Sicherheit gebracht werden muss. Aus Angst vor Machtverlust handeln beide und lassen die neugeborenen Kinder töten. Als ob von Kindern eine Gefahr ausginge.

Mose, der später die Israeliten aus der Hand der Unterdrücker herausführt, muss zunächst selbst gerettet werden. In welcher trostlosen Lage muss seine Mutter gesteckt haben, dass sie ihren neugeborenen Sohn auf dem Nil aussetzt? Und ihn damit der brennenden Sonne und dem unberechenbaren Wasserlauf aussetzt. Was hätte nicht alles passieren können? Wenn nicht die Mutter die kleine Kiste sorgfältig abgedichtet und gegen eindringendes Wasser geschützt hätte. Und wenn nicht die ägyptische Prinzessin gerade im Nil baden wollte. Alles fügt sich. Als ob Gott im Hintergrund die Fäden spinnt. Von ihm ist zwar nicht direkt die Rede. Aber der Erzähler denkt ihn mit. Und so kommt es, dass seine Mutter die Rolle der Amme übernimmt. Und Mose in seiner leiblichen Familie aufwächst und zugleich als ägyptischer Prinz.

Die Kindheitsgeschichten von Mose und von Jesus ähneln sich auch darin, dass hier schon die Weichen gestellt scheinen für ihr späteres Wirken. Sie sind wie ein Doppelpunkt, der auf die eigentlichen Geschichten hinweist. Mose ist durch seine Herkunft eng mit den Israeliten verbunden. Und durch seine Verbindung zum Hof ist er der geborene Vermittler zwischen dem Pharao und dem Volk Israel. Jesus wird im Stall geboren. Und muss in einer Krippe liegen. Es ist, als sei sein Weg als wandernder Prediger und Heiler hier schon vorgezeichnet. Er lässt sich nicht vom äußeren Schein blenden. Und gibt am Ende alles hin, um für uns zum Heiland zu werden und uns die Seligkeit zu bringen.

2. Weihnachtsfeiertag

Lesung: 2. Korintherbrief 8,7-9
Wie ihr in allen Stücken reich seid,
im Glauben und im Wort
und in der Erkenntnis und in allem Eifer
und in der Liebe, die wir in euch erweckt haben,
so gebt auch reichlich bei dieser Wohltat.
Nicht als Befehl sage ich das;
sondern weil andere so eifrig sind,
prüfe ich auch eure Liebe, ob sie echt sei.
Denn ihr kennt die Gnade unseres Herrn Jesus Christus:
Obwohl er reich ist, wurde er doch arm um euretwillen,
auf dass ihr durch seine Armut reich würdet.

IMPULS: Wer ist reich? Und wer ist arm? An Weihnachten verschieben sich die Maßstäbe. Da erweist sich mancher Reiche als armer, einsamer Tropf. Und in bescheidenen Wohnungen zieht Festtagsstimmung ein. Ein bekanntes Beispiel dafür ist die Figur des Ebenezer Scrooge in der Weihnachtsgeschichte von Charles Dickens. Der reiche und hartherzige Kaufmann wird in der Weihnachtsnacht von drei Weihnachtsgeistern besucht, die ihm zeigen, wie armselig er trotz seines Reichtums in Wirklichkeit ist. An Weihnachten wird deutlich, dass Liebe wertvoller ist als noch so viel schnödes Geld. Liebe kann durch kein Geld der Welt erkauft werden.

Das soll nun aber nicht heißen, dass Geld schon an sich schlecht ist. Geld ist zunächst einmal ein neutrales Zahlungsmittel. Es kann für Gutes eingesetzt werden wie für Schlechtes. Es besitzt das Potential der Freiheit, weil es viele Möglichkeiten gibt, es zu verwenden. Auf der anderen Seite aber kann es auch geizig machen und innerlich gefangen nehmen, wie beispielsweise Ebenezer Scrooge. Jesus lehnt Geld nicht grundsätzlich ab. Es ist interessant, wie unbeschwert er mit Geld umgeht. Auch Paulus hält es so. Er bittet ohne jede Scheu um Spenden für die notleidende Urgemeinde in Jerusalem. Er spielt dabei mit den Begriffen Armut und Reichtum. So sind die Gemeinden bereits reich durch ihren Glauben und durch das Wort vom Kreuz. An ihrer Spendenbereitschaft soll sich nun zeigen, dass sie auch reich sind in der Liebe. Vorbild ist Jesus, der reich war und arm wurde. Hintergrund dieses Gedankens ist die Vorstellung, dass Jesus mit seiner Geburt seinen göttlichen Reichtum preisgab, um als Mensch unter Menschen zu leben. In den Augen des Paulus ist das der größte Liebesbeweis überhaupt. Und Grundlage des Glaubens, der doch eigentlich nichts anderes ist als himmlischer Reichtum. Wer ist also arm und wer ist reich? Es greift zu kurz, diese Frage quantitativ zu beantworten. Der geläuterte Scrooge, der sein prall gefülltes Konto plündert, erscheint am Ende wirklich reich. Während er einem zu Beginn, als Geizhals, nur leidtun kann.

1. Sonntag nach Weihnachten

Lesung: Johannes 12,44-50

Jesus rief: Wer an mich glaubt, der glaubt nicht an mich,
sondern an den, der mich gesandt hat.
Und wer mich sieht, der sieht den, der mich gesandt hat.
Ich bin als Licht in die Welt gekommen,
auf dass, wer an mich glaubt, nicht in der Finsternis bleibe.
Und wer meine Worte hört und bewahrt sie nicht,
den richte ich nicht;
denn ich bin nicht gekommen, dass ich die Welt richte,
sondern dass ich die Welt rette.
Wer mich verachtet und nimmt meine Worte nicht an,
der hat schon seinen Richter:
Das Wort, das ich geredet habe,
das wird ihn richten am Jüngsten Tage.
Denn ich habe nicht aus mir selbst geredet,
sondern der Vater, der mich gesandt hat,
der hat mir ein Gebot gegeben, was ich tun und reden soll.
Und ich weiß: Sein Gebot ist das ewige Leben.
Darum: Was ich rede,
das rede ich so, wie es mir der Vater gesagt hat.

IMPULS: Wer ist Jesus für uns? Diese Frage stellt sich am ersten Sonntag nach dem Christfest. Weihnachten ist noch nahe mit seinem Glanz und seinem Zauber. Umso wichtiger erscheint die Frage, wie wir Jesus heute einschätzen: als den, den Gott zu uns Menschen gesandt hat? Der von ihm beauftragt wurde? Ist er der Sohn Gottes, an den wir glauben? Oder ist er nur ein vorbildlicher Mensch?

Es ist nicht leicht, die Frage zu beantworten, wer Jesus für uns ist. Weil wir unser Wissen über das Leben Jesu aus den Evangelien ziehen, die für den Glauben an Jesus Christus werben. Und weil die Evangelisten keine Biographien über Jesus schreiben, sondern ihren Glauben bezeugen. Und gleichzeitig beschreiben sie, wie Jesus als Mensch unter uns Menschen lebt, Kranke heilt und das Reich Gottes verkündigt. Auf eine Weise, dass selbst die religiösen und gesellschaftlichen Außenseiter sich von ihm und von Gott geliebt wissen.

Wer also ist Jesus? Es ist vermutlich gut, dass wir diese Frage nur in der Spannung beantworten können, die sich schon in den Evangelien zeigt: wo die menschliche Seite Jesu betont wird, es aber auch Hinweise gibt, die ihn als Gegenstand des Glaubens zeigen. Eine Spannung, die auch im Namen Jesus Christus enthalten ist, dem kürzesten christlichen Bekenntnis: dass der Mensch Jesus der Christus ist, der von Gott auferweckt wurde und lebt. Er wurde wie ein Schwerverbrecher gekreuzigt. Aber Gott stellt sich auf seine Seite, ruft ihn heraus aus dem Reich des Todes und erklärt ihn zu seinem Sohn.

Bei Johannes ist diese Spannung immer wieder wahrzunehmen. Die Frage, wer Jesus ist, beantwortet er mehrschichtig: Jesus ist für ihn der von Gott Gesandte, der tut und redet, was sein himmlischer Vater ihm sagt. Er spricht im Namen Gottes. Und zugleich ist er für Johannes der Gottessohn, der in die Welt gekommen ist, sie zu retten. Und zuletzt ist er für ihn ganz Mensch, der geboren wird, unter den Gegebenheiten des Lebens leidet und der stirbt, wie jeder Mensch.

Altjahresabend

Lesung: Prediger Salomo 3,1-15

Ein jegliches hat seine Zeit,
und alles Vorhaben unter dem Himmel hat seine Stunde:
Geboren werden hat seine Zeit,
sterben hat seine Zeit;
pflanzen hat seine Zeit,
ausreißen, was gepflanzt ist, hat seine Zeit;
töten hat seine Zeit,
heilen hat seine Zeit;
abbrechen hat seine Zeit,
bauen hat seine Zeit;
weinen hat seine Zeit,
lachen hat seine Zeit;
klagen hat seine Zeit,
tanzen hat seine Zeit;
Steine wegwerfen hat seine Zeit,
Steine sammeln hat seine Zeit;
herzen hat seine Zeit,
aufhören zu herzen hat seine Zeit;
suchen hat seine Zeit,
verlieren hat seine Zeit;
behalten hat seine Zeit,
wegwerfen hat seine Zeit;
zerreißen hat seine Zeit,
zunähen hat seine Zeit;
schweigen hat seine Zeit,
reden hat seine Zeit;
lieben hat seine Zeit,
hassen hat seine Zeit;
Streit hat seine Zeit,
Friede hat seine Zeit.

Man mühe sich ab, wie man will,
so hat man keinen Gewinn davon.
Ich sah die Arbeit, die Gott den Menschen gegeben hat,
dass sie sich damit plagen.
Er hat alles schön gemacht zu seiner Zeit,
auch hat er die Ewigkeit in ihr Herz gelegt;
nur dass der Mensch nicht ergründen kann
das Werk, das Gott tut, weder Anfang noch Ende.
Da merkte ich, dass es nichts Besseres dabei gibt
als fröhlich sein und sich gütlich tun in seinem Leben.
Denn ein jeder Mensch, der da isst und trinkt
und hat guten Mut bei all seinem Mühen,
das ist eine Gabe Gottes.
Ich merkte, dass alles, was Gott tut, das besteht für ewig;
man kann nichts dazutun noch wegtun.
Das alles tut Gott, dass man sich vor ihm fürchten soll.
Was geschieht, das ist schon längst gewesen,
und was sein wird, ist auch schon längst gewesen;
und Gott holt wieder hervor, was vergangen ist.

IMPULS: Am letzten Tag des Jahres richtet sich der Blick für viele zurück auf die Ereignisse des zu Ende gehenden Jahres: auf die weltbewegenden politischen Veränderungen und auf die Erlebnisse im nahen, familiären oder beruflichen Umfeld. Je später der Abend, desto mehr wechselt die Perspektive dann zum Neuen Jahr. Was hält es bereit? Was wird sich – jetzt schon absehbar – in den nächsten 365 Tagen weltweit ereignen? Und was wird sich im persönlichen Bereich ändern? Oft werden dann gute Vorsätze gefasst zum Wohle der Familie, des Berufs, der eigenen Gesundheit.

Bei den meisten Vorsätzen ist es aber so, dass zutrifft, was der Prediger schreibt: „Man mühe sich ab, wie man will, so hat man keinen Gewinn davon." Nach kurzer Zeit schleicht sich wieder der gewohnte Trott ein. Es hat eben alles seine Zeit. Auch das Ausdenken guter Vorsätze und die Rückkehr in den normalen Ablauf. Das sollte aber nicht in Resignation münden. Es ist nicht alles egal. „Alles hat seine Zeit" bedeutet, das Leben mit seinen vielfältigen Verästelungen gelassen zu ertragen. Nichts muss im Modus der Daueraufregung und des Ärgers betrachtet werden. Der Grund für Ärger und selbst für die Trauer ist, wie alles andere auch, der Zeitlichkeit unterworfen. Auch das Negative vergeht vielleicht schneller als gedacht.

Der Prediger zieht ein denkwürdiges Fazit unter seine lange Aufzählung der Dinge, die ihre Zeit haben: „Da merkte ich, dass es nichts Besseres dabei gibt als fröhlich sein und sich gütlich tun in seinem Leben." Was immer auf uns zukommt, alles lässt sich mit einem fröhlichen Glauben besser ertragen als mit Ärger im Bauch. Und dann setzt der Prediger noch einen drauf und behauptet: „Denn ein jeder Mensch, der da isst und trinkt und hat guten Mut bei all seinem Mühen, das ist eine Gabe Gottes." Essen, Trinken und den Mut nicht verlieren, gehören zur christlichen Lebenskunst. Das Leben in seiner Fülle wirklich genießen – und zwar ohne schlechtes Gewissen – wäre mal ein lohnender Vorsatz für das Neue Jahr.

Neujahr

Lesung: Jakobusbrief 4,13-15

Wohlan nun, die ihr sagt:
Heute oder morgen
wollen wir in die oder die Stadt gehen
und wollen ein Jahr dort zubringen
und Handel treiben und Gewinn machen –
und wisst nicht, was morgen sein wird.
Was ist euer Leben?
Dunst seid ihr, der eine kleine Zeit bleibt
und dann verschwindet.
Dagegen solltet ihr sagen:
Wenn der Herr will, werden wir leben
und dies oder das tun.

IMPULS: „Wenn der Herr will, werden wir leben und dies oder das tun". Ein Satz, den man leicht überlesen kann und dem man zunächst gar nicht ansieht, dass er zu den am häufigsten zitierten Redewendungen der Bibel gehört. Wenn man so will, hat er eine steile Kariere gemacht. So steil, dass man ihn in der Barockzeit abzukürzen pflegte: „S.c.J." wurde zu einer Formel, mit der Briefe beendet wurden. Also eine Art MfG früherer Zeiten. Statt „Mit freundlichen Grüßen" also „Sub conditio Jacobaea", zu deutsch: „Unter der Bedingung des Jakobus". Pläne können nur dann gelingen, wenn es Gott will und wir leben.

Hin und wieder taucht die Bedingung des Jakobus noch im binnenkirchlichen Kontext auf, mal ironisch gebrochen, dann wieder mit mahnend erhobenem Zeigefinger. Jakobus selbst hat die Formel als Demutsgeste verstanden. Bloß nicht unbescheiden die Zukunft planen! Nicht unreflektiert sagen: „Heute oder morgen wollen wir in die oder die Stadt gehen und wollen ein Jahr dort zubringen." Stattdessen sollten wir immer im Hinterkopf behalten, dass das Leben begrenzt ist und dass sich auch die noch so guten Pläne dem Willen Gottes unterordnen müssen. Heute wirkt der Gebrauch der Formel skurril, wie aus der Zeit gefallen. Und doch besitzt der dahinterliegende Gedanke gerade zu Beginn des Jahres eine große Überzeugungskraft. Alle Pläne, die wir am Jahresanfang schmieden, stehen unter einem Vorbehalt. Sie sind wie Pläne, die ein Architekt auf dem Reißbrett entwickelt. Sie bleiben solange änderbar, bis es an die Umsetzung geht und das Haus gebaut wird. Mit solchen Gedanken in das neue Jahr zu gehen, bedeutet Spannung hinein zu holen. Als ginge es auf Entdeckertour. Welche Möglichkeiten werden tatsächlich umgesetzt? Und welche Pläne müssen aus aktuellem Anlass geändert werden? Der vor uns liegende Weg sollte zwar eine Richtung besitzen, aber Ausweichmanöver und Umwege bleiben möglich. Alles unter dem Vorbehalt, dass es Gott will und wir leben.

2. Sonntag nach Weihnachten

Lesung: Lukas 2,41-52

Die Eltern Jesu gingen alle Jahre
nach Jerusalem zum Passafest.
Und als er zwölf Jahre alt war,
gingen sie hinauf nach dem Brauch des Festes.
Und als die Tage vorüber waren
und sie wieder nach Hause gingen,
blieb der Knabe Jesus in Jerusalem,
und seine Eltern wussten's nicht.
Sie meinten aber, er wäre unter den Gefährten,
und kamen eine Tagereise weit
und suchten ihn unter den Verwandten und Bekannten.
Und da sie ihn nicht fanden,
gingen sie wieder nach Jerusalem und suchten ihn.
Und es begab sich nach drei Tagen,
da fanden sie ihn im Tempel sitzen,
mitten unter den Lehrern,
wie er ihnen zuhörte und sie fragte.
Und alle, die ihm zuhörten,
verwunderten sich über seinen Verstand
und seine Antworten.
Und als sie ihn sahen, entsetzten sie sich.

Und seine Mutter sprach zu ihm:
Mein Kind, warum hast du uns das getan?
Siehe, dein Vater und ich haben dich mit Schmerzen gesucht.
Und er sprach zu ihnen:
Warum habt ihr mich gesucht?
Wusstet ihr nicht, dass ich sein muss
in dem, was meines Vaters ist?
Und sie verstanden das Wort nicht, das er zu ihnen sagte.
Und er ging mit ihnen hinab und kam nach Nazareth
und war ihnen gehorsam.
Und seine Mutter behielt alle diese Worte in ihrem Herzen.
Und Jesus nahm zu an Weisheit, Alter und Gnade
bei Gott und den Menschen.

IMPULS: Nachdem Jesus mit seinen Eltern nach Jerusalem gezogen und wieder nach Nazareth zurückgekehrt war, folgt im Lukasevangelium ein bemerkenswerter Satz: Jesus war seinen Eltern gehorsam. Dieser Gehorsam ist die letzte Konsequenz der Inkarnation, der Menschwerdung Gottes: Gott wird ganz und gar Mensch. Mit allem, was dazugehört. Jesus bleibt in seinem Leben nichts fremd. Er kennt Hunger und Durst. Er kann sich unbändig freuen, kann aber auch traurig sein. Auch die Nöte, die das Aufwachsen mit sich bringen, überspringt er nicht. Hier wird angedeutet, was der Philipperbrief als „Knechtsgestalt" Christi beschreibt (Philipper 2,7). Jesus wächst so auf wie andere Kinder und Jugendliche seiner Zeit. Auch er ordnet sich dem Willen der Eltern unter und ist ihnen gehorsam. Seine besondere Beziehung zu Gott, den er wie selbstverständlich seinen Vater nennt, blitzt nur hin und wieder auf: so wie im Tempel, wo er sich als religiös Hochbegabter zeigt, mit weisen Männern geradezu auf Augenhöhe diskutiert und alle beeindruckt, die ihn erleben.

Dass Jesus wie jeder normale Mensch lebt, bedeutet, dass er das Leben, das wir führen, tatsächlich kennt. Er versteht auch unsere Sorgen und Nöte. Wie wir kennt er die Verlockungen der Welt, wie die Erzählung von seiner Versuchung zeigt (Matthäus 4,1-11). Er ist dem Verlangen nach Ruhm, Ansehen und Reichtum ausgesetzt. Er kann seinen Auftrag, zu dem ihn Gott berufen hat, durchaus verfehlen. Dass Jesus als Mensch unter uns lebt, bedeutet, dass er scheitern kann. Und am Ende seines Lebens scheitert er. In diesem bitteren Scheitern aber erkennt er den Willen Gottes. Darum lässt er sich darauf ein. Jesus verzichtet wie bei der Szene im Tempel auf den einfachen Weg. Dass er der Sohn Gottes ist, bleibt während seines Lebens fast vollständig verborgen. Er lebt und stirbt wie jeder Mensch. Damit wird er zu unserem Bruder. Wie der sprichwörtlich große Bruder hilft er uns, sobald es für uns eng wird.

Epiphanias

Lesung: 1. Buch der Könige 10,1-13

Als die Königin von Saba die Kunde von Salomo vernahm,
kam sie, um Salomo mit Rätselfragen zu prüfen.
Und sie kam nach Jerusalem mit sehr großem Gefolge,
mit Kamelen, die Spezerei trugen
und viel Gold und Edelsteine.
Und als sie zum König Salomo kam,
redete sie mit ihm alles, was sie sich vorgenommen hatte.
Und Salomo gab ihr Antwort auf alles,
und es war dem König nichts verborgen,
was er ihr nicht hätte sagen können.
Da aber die Königin von Saba alle Weisheit Salomos sah
und das Haus, das er gebaut hatte,
und die Speisen für seinen Tisch
und die Sitzordnung seiner Großen
und das Aufwarten seiner Diener und ihre Kleider
und seine Mundschenken
und seine Brandopfer,
die er in dem Hause des Herrn opferte,
stockte ihr der Atem,
und sie sprach zum König:
Es ist wahr, was ich in meinem Lande gehört habe
von deinen Taten und von deiner Weisheit.
Und ich hab's nicht glauben wollen,
bis ich gekommen bin
und es mit eigenen Augen gesehen habe.
Und siehe, nicht die Hälfte hat man mir gesagt.
Du hast mehr Weisheit und Güter,
als die Kunde sagte, die ich vernommen habe.
Glücklich sind deine Männer und deine Großen,
die allezeit vor dir stehen und deine Weisheit hören.

Gelobt sei der Herr, dein Gott, der an dir Wohlgefallen hat,
sodass er dich auf den Thron Israels gesetzt hat!
Weil der Herr Israel lieb hat ewiglich,
hat er dich zum König gesetzt,
dass du Recht und Gerechtigkeit übst.
Und sie gab dem König hundertzwanzig Zentner Gold
und sehr viel Spezerei und Edelsteine.
Es kam nie mehr so viel Spezerei ins Land,
wie die Königin von Saba dem König Salomo gab.
Auch brachten die Schiffe Hirams,
die Gold aus Ofir einführten,
sehr viel Sandelholz und Edelsteine.
Und der König ließ Schnitzarbeiten machen
aus dem Sandelholz
im Hause des Herrn und im Hause des Königs
und Harfen und Zithern für die Sänger.
Es kam nie mehr so viel Sandelholz ins Land,
wurde auch nicht gesehen bis auf diesen Tag.
Und der König Salomo gab der Königin von Saba
alles, was ihr gefiel und was sie erbat,
außer dem, was er ihr von sich aus gab.
Und sie wandte sich und zog in ihr Land mit ihrem Gefolge.

IMPULS: Kann man Gottes Spuren in dieser Welt erkennen oder erahnen? Das ist die Frage, um die es an Epiphanias geht. Sie ist aber nicht leicht zu beantworten. Gott erscheint nicht direkt, sondern im Verborgenen. Umso erstaunlicher ist es, dass ausgerechnet eine heidnische Königin Gottes Handeln erahnt. Sie kommt aus dem sagenumwobenen Saba und besucht Salomo, von dessen Weisheit sie in der Ferne gehört hat. Neugierig geworden, will sie sich ein Bild von ihrem Amtskollegen machen und reist nach Jerusalem. Sie stellt Salomo Rätselfragen. Und sie ist begeistert, als Salomo sämtliche ihrer Fragen beantwortet. Aber sie ist auch von der Form seiner Regierungsführung angetan. Schnell ist ihr klar, dass eine solche Weisheit einen übernatürlichen Ursprung haben muss. Sie erkennt: Gott zieht im Hintergrund die Fäden. Er muss es sein, der Salomo weise gemacht hat, sodass man bis an die Grenzen der Welt davon spricht. Vielleicht erkennt sie Gottes Spuren hier, weil sie als Fremde einen unverstellten Blick hat und die besonderen Fähigkeiten Salomos besser beurteilen kann als die Menschen vor Ort.

Ähnlich wie die Königin von Saba haben auch die Könige aus dem Orient ein gutes Gespür für Gottes geheimnisvolles Wirken in der Welt. Auch sie kommen aus fernen Ländern und erkennen in dem neugeborenen Jesuskind den neugeborenen König, bringen ihm Geschenke und beten ihn an. Heute haben viele Menschen den Eindruck, dass Gott eher fern ist. Immer wieder hört man die Klage, dass Gott die Welt allein lässt. Und in der Tat fällt es in Kriegszeiten oder nach jedem Terroranschlag schwer, davon zu reden, dass Gott die Geschicke der Welt lenkt. Doch die Hoffnung, dass Gott nahe ist, ist zentral für den christlichen Glauben. Allerdings bleibt sein Erscheinen in dieser Welt stets ein Geheimnis.

1. Sonntag nach Epiphanias

Lesung: 1. Korintherbrief 1,26-31

Seht doch, Brüder und Schwestern, auf eure Berufung.
Nicht viele Weise nach dem Fleisch,
nicht viele Mächtige, nicht viele Vornehme sind berufen.
Sondern was töricht ist vor der Welt, das hat Gott erwählt,
damit er die Weisen zuschanden mache;
und was schwach ist vor der Welt, das hat Gott erwählt,
damit er zuschanden mache, was stark ist;
und was gering ist vor der Welt und was verachtet ist,
das hat Gott erwählt, was nichts ist,
damit er zunichtemache, was etwas ist,
auf dass sich kein Mensch vor Gott rühme.
Durch ihn aber seid ihr in Christus Jesus,
der für uns zur Weisheit wurde durch Gott
und zur Gerechtigkeit und zur Heiligung und zur Erlösung,
auf dass gilt, wie geschrieben steht:
„Wer sich rühmt, der rühme sich des Herrn!" (Jeremia 9,23)

IMPULS: Geschützte Räume sind lebensnotwendig. Orte, an denen man gelegentlich ins Unreine denken kann, wo man sich ausprobiert. Wo man scheitern kann und doch angenommen und geliebt ist. Wo man sich nicht andauernd der Konkurrenz stellen muss. Das Leben in der Postmoderne ist rau geworden. Nicht selten muss man seinen Platz im Arbeitsleben und darüber hinaus hart erarbeiten und später verteidigen. Wenig wird einem einfach so geschenkt. Wie gut, dass es daneben geschützte Räume gibt, wo man durchatmen kann und wieder zu sich kommt.

In Christus zu sein, beschreibt einen solchen Ort. Einen Freiraum, wo etwas möglich ist, was sonst unmöglich scheint: Ganz unterschiedliche Menschen, die an anderer Stelle vielleicht in Konkurrenz zueinander stehen, gehören dazu. Sie werden zu Schwestern und Brüdern – unabhängig von Herkunft, Stand, Geschlecht, Bildung oder Erfolg. Alle sind eingeladen in diesen besonderen Christus-Raum, wo sich im Namen Jesu eine Gemeinde bildet und Kirche ereignet. Es ist wie zu Lebzeiten Jesu, als er sich mit den Außenseitern an einen Tisch setzt und das Himmelreich zum Greifen ist. Hier gelten andere Maßstäbe als im rauen Leben. Hier wissen sich alle wertgeschätzt und geliebt.

Nach zwei Jahrtausenden haben sich längst die gewöhnlichen Maßstäbe der Welt in der Kirche etabliert. Nach dem Sprachgebrauch des Apostels Paulus regiert viel zu oft das „Fleisch" in der Kirche. „Fleisch" ist für Paulus der Gegenbegriff zum Wirken des Heiligen Geistes. Typisch für das „Fleisch" sind Konkurrenz, Arroganz und Machttrieb. Wo man sich selbst für besonders klug oder weise hält, gern über sich selbst spricht und die eigenen Leistungen wie Orden vor sich herträgt. Ganz andere Maßstäbe gelten, wo der Geist Gottes regiert: „Nicht viele Weise nach dem Fleisch, nicht viele Mächtige, nicht viele Vornehme sind berufen", schreibt Paulus. Ganz im Gegenteil hat Gott die Antitypen erwählt: die nach bürgerlichen Maßstäben Törichten und Schwachen. Das klingt nach Provokation, vielleicht sogar nach Revolution. Das Unterste wird nach oben gekehrt und umgekehrt. Aber eigentlich geht es Paulus darum, dass die Kirche ein geschützter Ort, ein Ort der Freiheit ist. Wo jeder von Grund auf geliebt ist und ein Ansehen besitzt, das nur Gott geben kann.

2. Sonntag nach Epiphanias

Lesung: Hebräerbrief 12,12-18[19-21]22-25a

Stärkt die müden Hände und die wankenden Knie
und tut sichere Schritte mit euren Füßen,
dass nicht jemand strauchle wie ein Lahmer,
sondern vielmehr gesund werde.
Jagt dem Frieden nach mit jedermann
und der Heiligung, ohne die niemand
den Herrn sehen wird,
und seht darauf, dass nicht jemand Gottes Gnade versäume;
dass nicht etwa eine bittere Wurzel aufwachse
und Unfrieden anrichte
und viele durch sie verunreinigt werden;
dass nicht jemand sei ein Hurer oder Gottloser wie Esau,
der um der einen Speise willen
sein Erstgeburtsrecht verkaufte.
Ihr wisst ja, dass er hernach, als er den Segen ererben wollte,
verworfen wurde,
denn er fand keinen Raum zur Buße,
obwohl er sie mit Tränen suchte.
Denn ihr seid nicht zu etwas gekommen,
das man anrühren konnte und das mit Feuer brannte,
nicht zu Dunkelheit und Finsternis und Ungewitter
[und nicht zum Schall der Posaune und zum Klang der Worte.
Die das hörten, baten, dass ihnen kein Wort mehr
gesagt würde;
denn sie konnten's nicht ertragen, was da gesagt wurde:
„Und auch wenn ein Tier den Berg anrührt,
soll es gesteinigt werden." (2. Buch Mose 19,13)

Und so schrecklich war die Erscheinung,
dass Mose sprach: „Ich bin erschrocken und zittere." (5. Buch Mose 9,19)]
Sondern ihr seid gekommen zu dem Berg Zion
und zu der Stadt des lebendigen Gottes,
dem himmlischen Jerusalem,
und zu den vielen tausend Engeln und zur Festversammlung
und zu der Gemeinde der Erstgeborenen,
die im Himmel aufgeschrieben sind,
und zu Gott, dem Richter über alle,
und zu den Geistern der vollendeten Gerechten
und zu dem Mittler des neuen Bundes, Jesus,
und zu dem Blut der Besprengung,
das besser redet als Abels Blut.
Seht zu, dass ihr den nicht abweist, der da redet.

IMPULS: Die Texte des Hebräerbriefs muten beim ersten Lesen häufig unzugänglich an. Es fällt schwer, an die sehr eigenwillige Theologie anzudocken. Es braucht einen zweiten Blick, um festzustellen, dass die Hintergründe gar nicht weit von unserer heutigen Realität entfernt sind. Und es sich lohnt, sich auf die fremde Gedankenwelt einzulassen. Die Christen, an die der Hebräerbrief gerichtet ist, sind müde und ausgelaugt. Das Feuer des Anfangs droht zu verlöschen. Manche haben die Hoffnung auf einen Neuaufbruch der Kirche aufgegeben. Aus lauter Enttäuschung verlassen sie die Gemeinden und gehen ihre eigenen Wege. Das klingt heute durchaus vertraut.

Aber vielleicht sind damals wie heute die Enttäuschungen selbstgemacht. Weil man von falschen Vorstellungen ausgeht und von der Kirche etwas erwartet, was sie nicht leisten kann. Wer meint, die müsse sich grundsätzlich von der übrigen Welt unterscheiden, muss enttäuscht werden – weil Kirche in ihrer institutionellen Gestalt Teil der Welt ist. Und natürlich geht es sehr menschlich zu in einer Kirche, in der sich Menschen engagieren. Die kirchlichen Mitarbeitenden machen selbstverständlich Fehler – manchmal sogar schwerwiegende, vor allem dann, wenn Macht missbraucht wird. Man kann und muss sich darüber ärgern. Manche werden auch bitter.

Aber eigentlich geht es bei der Kirche um das, was Theologen die „unsichtbare Kirche" nennen. Kirche ist der Ort, an dem sich die Glaubenden versammeln und Gott gegenwärtig ist. Aber diese Kirche gibt es „nur" im Modus des Glaubens und der Hoffnung. Sie lässt sich nicht eindeutig festlegen. In den Worten des Hebräerbriefes klingt das so: „Denn ihr seid nicht zu etwas gekommen, das man anrühren konnte... Sondern ihr seid gekommen zu dem Berg Zion und zu der Stadt des lebendigen Gottes, dem himmlischen Jerusalem." Der große Menschheitstraum, Gott direkt zu begegnen, bleibt unerfüllt. Wir können ihm nicht in die Augen schauen wie in die eines vertrauten Menschen. Gott ist und bleibt unverfügbar. Er macht sich stets unbemerkt und im Geheimen auf den Weg zu uns. Manchmal können wir seine Spuren im Rückblick erahnen. Gottes unmittelbare Nähe bleibt uns auf Erden aber verwehrt.

3. Sonntag nach Epiphanias

Lesung: 2. Buch der Könige 5,[1-8]9-15[16-18]19a

[Naaman, der Feldhauptmann des Königs von Aram,
war ein trefflicher Mann vor seinem Herrn
und wert gehalten;
denn durch ihn gab der Herr den Aramäern Sieg.
Und er war ein gewaltiger Mann, jedoch aussätzig.
Aber die Kriegsleute der Aramäer waren ausgezogen
und hatten ein junges Mädchen weggeführt aus dem Lande Israel;
die war im Dienst der Frau Naamans.
Die sprach zu ihrer Herrin:
Ach dass mein Herr wäre bei dem Propheten in Samaria!
Der könnte ihn von seinem Aussatz befreien.
Da ging Naaman hinein zu seinem Herrn
und sagte es ihm an und sprach:
So und so hat das Mädchen aus dem Lande Israel geredet.
Der König von Aram sprach:
So zieh hin, ich will dem König von Israel einen Brief schreiben.
Und er zog hin und nahm mit sich zehn Zentner Silber
und sechstausend Schekel Gold und zehn Feierkleider
und brachte den Brief dem König von Israel;
der lautete: Wenn dieser Brief zu dir kommt,
siehe, so wisse, ich habe meinen Knecht Naaman zu dir gesandt,
damit du ihn von seinem Aussatz befreist.
Und als der König von Israel den Brief las,
zerriss er seine Kleider und sprach:
Bin ich denn Gott, dass ich töten und lebendig machen könnte,
dass er zu mir schickt, ich solle den Mann von seinem Aussatz befreien?
Merkt und seht, wie er Streit mit mir sucht!
Als Elisa, der Mann Gottes, hörte,
dass der König von Israel seine Kleider zerrissen hatte,
sandte er zu ihm und ließ ihm sagen:

Warum hast du deine Kleider zerrissen?
Lass ihn zu mir kommen,
damit er innewerde, dass ein Prophet in Israel ist.]
So kam Naaman mit Rossen und Wagen
und hielt vor der Tür am Hause Elisas.
Da sandte Elisa einen Boten zu ihm und ließ ihm sagen:
Geh hin und wasche dich siebenmal im Jordan,
so wird dir dein Fleisch wieder heil
und du wirst rein werden.
Da wurde Naaman zornig und zog weg und sprach:
Ich meinte, er selbst sollte zu mir herauskommen und hertreten
und den Namen des Herrn, seines Gottes, anrufen
und seine Hand über der Stelle bewegen
und mich so von dem Aussatz befreien.
Sind nicht die Flüsse von Damaskus, Abana und Parpar,
besser als alle Wasser in Israel,
sodass ich mich in ihnen waschen
und rein werden könnte?
Und er wandte sich und zog weg im Zorn.
Da machten sich seine Diener an ihn heran,
redeten mit ihm und sprachen:
Lieber Vater, wenn dir der Prophet etwas Großes geboten hätte,
würdest du es nicht tun?
Wie viel mehr, wenn er zu dir sagt:
Wasche dich, so wirst du rein!
Da stieg er ab und tauchte unter im Jordan siebenmal,
wie der Mann Gottes geboten hatte.
Und sein Fleisch wurde wieder heil
wie das Fleisch eines jungen Knaben,
und er wurde rein.

Und er kehrte zurück zu dem Mann Gottes
samt seinem ganzen Gefolge.
Und als er hinkam, trat er vor ihn und sprach:
Siehe, nun weiß ich,
dass kein Gott ist in allen Landen außer in Israel;
so nimm nun eine Segensgabe von deinem Knecht.
 [Elisa aber sprach:
So wahr der Herr lebt, vor dem ich stehe:
Ich nehme es nicht.
Und er nötigte ihn, dass er es nehme; aber er wollte nicht.
Da sprach Naaman:
Wenn nicht, so könnte doch deinem Knecht gegeben werden
von dieser Erde eine Last,
so viel zwei Maultiere tragen!
Denn dein Knecht will nicht mehr andern Göttern
Brandopfer und Schlachtopfer darbringen,
sondern allein dem Herrn.
Nur darin wolle der Herr deinem Knecht gnädig sein:
Wenn mein Herr in den Tempel Rimmons geht,
um dort anzubeten,
und er sich auf meinen Arm lehnt und ich auch anbeten muss,
wenn er anbetet, im Tempel Rimmons,
dann möge der Herr deinem Knecht vergeben.]
Er sprach zu ihm:
Zieh hin mit Frieden!

IMPULS: Gibt es nur einen Gott? Diese Frage ist typisch für die ausgehende Moderne. Manche sagen, dass dieser eine Gott identisch ist mit den Göttern, die in den anderen Religionen verehrt werden. Dann würde alle Gottesverehrung dem einen Gott gelten, der allen konkreten Gottesvorstellungen zugrunde liegt. Dem „Gott über Gott" also. Allerdings sind wir als Menschen nicht in der Lage, diese Frage wirklich zu beantworten. Ich bete als Christ zu Gott, dem Vater Jesu Christi. Mein Erfahrungshorizont ist also auf meine Religion begrenzt. Ich kann nicht gleichzeitig oder parallel in eine andere Religion eintauchen. Das zeigt sich eindrücklich bei Menschen, die sich einer anderen Religion zuwenden. Sie halten gerade nicht an ihrer Ursprungsreligion fest. Vielmehr konvertieren sie, legen also die eine Religion ab und wenden sich der anderen zu.

Gibt es nur den einen Gott? Diese Frage stellt sich auch zur Zeit der Propheten Israels. Sie treten als scharfe Kritiker polytheistischer Vorstellungen und Handlungen auf. Die anderen Götter wurden als Götzen angesehen, als von Menschenhand gemachte Projektionen menschlicher Sehnsüchte und Hoffnungen. Und doch gibt es in der hebräischen Bibel manche Hinweise, dass es ein langer Weg war, bis neben dem Gott Abrahams, Isaaks und Jakobs keine anderen Götter verehrt wurden. Und dann blieb noch die Grundfrage, wie der Gott Israels zu den anderen Völkern steht. Die Vorstellung, dass es nur einen Gott gibt, ist nur denkbar mit dem Anspruch, dass er der Gott der ganzen Welt und aller Menschen ist. Der Absolutheitsanspruch der christlich-jüdischen Gottesvorstellung mag heute angesichts einer multireligiösen Umwelt manchem rückwärtsgewandt erscheinen. Damals, zur Zeit des aramäischen Generals Naaman, war dieser Gedanke zukunftsweisend: Der Gott Abrahams zieht sich nicht hinter die Grenzen seines Volkes zurück. Er schenkt auch Menschen aus anderen Völkern Heilung und lässt sich von ihnen anbeten. Gott lässt sich in seinem Wirken nicht begrenzen. Seine Liebe gilt nicht nur wenigen, sondern der ganzen Welt. Später wird Jesus diese Gedankenlinie aufgreifen und fortsetzen. Das von ihm verkündigte Reich Gottes ist groß genug für alle, woher sie auch kommen.

Letzter Sonntag nach Epiphanias

Lesung: 2. Korintherbrief 4,6-10

Gott, der da sprach:
Licht soll aus der Finsternis hervorleuchten,
der hat einen hellen Schein in unsre Herzen gegeben,
dass die Erleuchtung entstünde
zur Erkenntnis der Herrlichkeit Gottes
in dem Angesicht Jesu Christi.
Wir haben aber diesen Schatz in irdenen Gefäßen,
auf dass die überschwängliche Kraft
von Gott sei und nicht von uns.
Wir sind von allen Seiten bedrängt,
aber wir ängstigen uns nicht.
Uns ist bange, aber wir verzagen nicht.
Wir leiden Verfolgung, aber wir werden nicht verlassen.
Wir werden unterdrückt, aber wir kommen nicht um.
Wir tragen allezeit das Sterben Jesu an unserm Leibe,
auf dass auch das Leben Jesu an unserm Leibe offenbar werde.

IMPULS: Unter den Mystikern des Mittelalters gab es die Vorstellung eines göttlichen Funkens, der das Innere der Gläubigen erleuchtet. Ein heiliger Wesenskern, an den der Heilige Geist anknüpft, mit dem er sogar – in besonderen spirituellen Momenten – verschmilzt. Und das auf eine gänzlich unvermittelte Weise. Wer diese Form des mystischen Christentums lebte, brauchte die Kirche eigentlich kaum noch. Der Zugang zu Gott stand offen – unabhängig von der priesterlichen Vermittlung. Klar, dass die Kirche in ihrer institutionellen Gestalt auf kritische Distanz zu dieser Vorstellung ging. Die mystische Spiritualität mit ihrer Eigenständigkeit und großen Freiheit stellte die zentrale Rolle der Kirche als Heilsvermittlerin infrage.

Heute ist klar, dass die Kirchen mit einer solchen, geradezu hochmütigen Haltung nicht weit kommen. Spätestens seit den Skandalen um sexualisierte Gewalt müssen die Kirchen radikal umdenken. Denn diese besitzen einen geradezu paradoxen Charakter: Je moralischer und abgehobener die Kirchen sich nach außen zeigen, desto größer scheint die Gefahr der Manipulation in ihrem Inneren. Überzogene Amtsvorstellungen und Machtmissbrauch hängen immer wieder auf verhängnisvolle Weise zusammen. Vor diesem Hintergrund erscheint ein mystisches Christentum wie der Ausweg aus der tiefen Krise, in der sich die Kirchen gegenwärtig befinden. Der helle Schein in den Herzen trägt auch in einer Kirche, in der es nicht nur sehr menschlich zugeht, sondern bisweilen unmenschlich. In der gelogen und Unrecht unter den Teppich gekehrt wird. Bloß, um die eigene Macht nicht zu gefährden. Dabei hätten wir es besser wissen können, wenn wir auf Paulus geachtet hätten: Den von Gott geschenkten hellen Schein haben wir, wie er sagt, nur in zerbrechlichen Gefäßen. Der eigentliche Schatz des Glaubens steckt in einem irdenen Gewand und kommt bescheiden, sogar zerbrechlich daher. Es ist an der Zeit, dass sich die Kirchen demütig geben. Ihr Ziel ist es, auf Jesus Christus hinzuweisen und nicht selbst groß und mächtig zu sein. Jesus hat schließlich unter den Machtstrukturen seiner Zeit gelitten und wurde von Soldaten einer Großmacht hingerichtet.

5. Sonntag vor der Passionszeit

Lesung: Matthäus 21,28-32

Jesus sprach zu den Hohenpriestern
und den Ältesten des Volkes:
Was meint ihr?
Es hatte ein Mann zwei Söhne
und ging zu dem ersten und sprach:
Mein Sohn, geh hin und arbeite heute im Weinberg.
Er antwortete aber und sprach: Ich will nicht.
Danach aber reute es ihn, und er ging hin.
Und der Vater ging zum andern Sohn und sagte dasselbe.
Der aber antwortete und sprach: Ja, Herr!, und ging nicht hin.
Wer von den beiden hat des Vaters Willen getan?
Sie sprachen: Der erste.
Jesus sprach zu ihnen: Wahrlich, ich sage euch:
Die Zöllner und Huren kommen eher ins Reich Gottes als ihr.
Denn Johannes kam zu euch
und wies euch den Weg der Gerechtigkeit,
und ihr glaubtet ihm nicht;
aber die Zöllner und Huren glaubten ihm.
Und obwohl ihr's saht, reute es euch nicht,
sodass ihr ihm danach geglaubt hättet.

IMPULS: Wenn es doch mit dem Ja- oder Neinsagen so einfach wäre! Ja sagen oder nein und dann dabei bleiben. Doch solche Entscheidungen fallen schwer. Viel zu oft entscheidet man sich und bereut es im nächsten Moment. Und macht die Entscheidung rückgängig. Oder es kommt etwas dazwischen. Heute kommt noch dazu, dass viele Menschen Entscheidungen so lange wie möglich hinauszögern, bis zum letzten Moment und manchmal sogar darüber hinaus. Sie wollen sich alle Optionen offen halten. Das ist auf der einen Seite klug, weil es einen nicht lange vor einem Ereignis festlegt. Auf der anderen Seite ist es für alle unangenehm, die in der Schwebe gehalten werden: Veranstalter oder auch Gastgeber.

Im Gleichnis Jesu von den ungleichen Söhnen zeigt sich das Risiko, sich auf die erste Anfrage hin festzulegen. Der Nein-Sager bereut es bald, dem Vater abgesagt zu haben, im Weinberg zu arbeiten. Nachträglich lässt er sich doch darauf ein und geht hin, um den Willen seines Vaters zu tun. Der andere Sohn handelt umgekehrt. Er sagt ja, aber hält sich später nicht daran. Vielleicht kam ihm etwas dazwischen. Oder er hatte nie vor, im Weinberg zu arbeiten. Doch, statt das klar zu sagen, enttäuschte er den Vater letztlich doppelt.

Im Matthäusevangelium wird das Gleichnis verbunden mit einem Satz Jesu, den dieser an das Establishment richtet: „Die Zöllner und Huren kommen eher ins Reich Gottes als ihr." Die gesellschaftlichen und religiösen Außenseiter erscheinen hier wie Nein-Sager, die sich am Ende doch zu einem Ja durchringen. Aber ist es bei der Sache mit dem Glauben so einfach? Gibt es da nur Ja- oder Nein-Sager? Gilt in Glaubensdingen ein Entweder-Oder? Sind wir nicht immer beides? Sagen mal ja, ohne danach zu handeln. Oder sagen nein und bereuen es hinterher. Oder wir lassen die Entscheidung bis zur letzten Sekunde offen. Bei Jesus jedenfalls zeigt sich, dass er niemanden auf seine Vergangenheit festlegt. Zu ihm können alle kommen und aus einem Nein ein Ja machen.

4. Sonntag vor der Passionszeit

Lesung: 1. Buch Mose 8,1-12

Gott gedachte an Noah und an alles wilde Getier
und an alles Vieh, das mit ihm in der Arche war;
und Gott ließ Wind auf Erden kommen,
und die Wasser fielen.
Und die Brunnen der Tiefe wurden verstopft
samt den Fenstern des Himmels,
und dem Regen vom Himmel wurde gewehrt.
Da verliefen sich die Wasser von der Erde
und nahmen immer mehr ab
nach hundertfünfzig Tagen.
Am siebzehnten Tag des siebenten Monats
setzte die Arche auf dem Gebirge Ararat auf.
Es nahmen aber die Wasser immer mehr ab
bis auf den zehnten Monat.
Am ersten Tage des zehnten Monats
sahen die Spitzen der Berge hervor.
Nach vierzig Tagen tat Noah an der Arche
das Fenster auf, das er gemacht hatte,
und ließ einen Raben ausfliegen;
der flog immer hin und her,
bis die Wasser vertrockneten auf Erden.
Danach ließ er eine Taube ausfliegen,
um zu erfahren, ob die Wasser sich verlaufen hätten auf Erden.
Da aber die Taube nichts fand, wo ihr Fuß ruhen konnte,
kam sie wieder zu ihm in die Arche;
denn noch war Wasser auf dem ganzen Erdboden.

Da tat er die Hand heraus und nahm sie zu sich in die Arche.
Da harrte er noch weitere sieben Tage
und ließ abermals die Taube fliegen aus der Arche.
Sie kam zu ihm um die Abendzeit,
und siehe, sie hatte ein frisches Ölblatt in ihrem Schnabel.
Da merkte Noah, dass die Wasser sich verlaufen hatten auf Erden.
Aber er harrte noch weitere sieben Tage
und ließ die Taube ausfliegen;
sie kam nicht wieder zu ihm.

IMPULS: „Gott dachte an Noah und an alles wilde Getier und an alles Vieh, das auf der Arche war", heißt es in der großartigen Erzählung der Rettung aus den Fluten der Sintflut. Gott lässt das Wasser sinken, das gerade noch die Erde vollständig bedeckt. Dazu nutzt Gott den Wind. Und das Verschließen der Wasserbrunnen in den Tiefen. Vor allem aber braucht das Sinken des Wassers Zeit, ganz viel Zeit.

Endlich, nach einigen Monaten, stößt die Arche auf Grund. Sie verfängt sich auf dem Gebirge Ararat. Aber auch danach braucht es noch lange, bis die Sintflut komplett zu Ende ist. Und das Leben auf der Erde wieder möglich wird. Um dieses Erleben richtig einzuordnen, sollte man den Text aus Genesis 8 richtig durchlesen. Am besten mit viel Zeit. Noah lässt zunächst einen Raben ausfliegen und später eine Taube. Die kommen aber bald wieder zurück. Sie finden nichts, wo sie sich ausruhen können. Nach weiteren sieben Tagen kommt die Taube mit einem frischen Ölblatt zurück. Ein Zeichen für den Neubeginn auf Erden und dafür, dass Gott es gut mit uns Menschen meint. Die Taube hat mit dem Ölblatt Noahs Herz erreicht. Er nimmt die Taube wieder auf in der Arche. Nach sieben Tage schickt er sie wieder los. Zum dritten Mal. Doch diesmal kehrt sie nicht wieder zurück. Ein klares Zeichen, dass sie Land und Nahrung gefunden hat.

„Kommt her und sehet an die Werke Gottes, der so wunderbar ist in seinem Tun an den Menschenkindern." Der Wochenspruch aus Psalm 66 ergänzt das Ende der Sintfluterzählung. Gott meint es gut mit uns Menschen. Er denkt an Noah, an seine Familie und an die Tiere, die auf der Arche mehr oder weniger geduldig ausharren. Er lässt die Wasser sinken. Und am Ende rettet er alle. Einem solchen Gott dürfen auch wir vertrauen. Vielleicht brauchen wir dafür manchmal Geduld. So wie Noah und die Seinen, die in der Arche ausharrten, bis die Wasser gefallen waren.

3. Sonntag vor der Passionszeit: Septuagesimä

Lesung: 1. Korintherbrief 9,19-27

Obwohl ich frei bin von jedermann,
habe ich doch mich selbst
jedermann zum Knecht gemacht,
auf dass ich möglichst viele gewinne.
Den Juden bin ich wie ein Jude geworden,
damit ich die Juden gewinne.
Denen unter dem Gesetz
bin ich wie einer unter dem Gesetz geworden
– obwohl ich selbst nicht unter dem Gesetz bin –,
damit ich die unter dem Gesetz gewinne.
Denen ohne Gesetz bin ich wie einer ohne Gesetz geworden
– obwohl ich doch nicht ohne Gesetz bin vor Gott,
sondern bin im Gesetz vor Christus –,
damit ich die ohne Gesetz gewinne.
Den Schwachen bin ich ein Schwacher geworden,
damit ich die Schwachen gewinne.
Ich bin allen alles geworden,
damit ich auf alle Weise etliche rette.
Alles aber tue ich um des Evangeliums willen,
auf dass ich an ihm teilhabe.
Wisst ihr nicht:

Die im Stadion laufen, die laufen alle,
aber nur einer empfängt den Siegespreis?
Lauft so, dass ihr ihn erlangt.
Jeder aber, der kämpft, enthält sich aller Dinge;
jene nun, damit sie einen vergänglichen Kranz empfangen,
wir aber einen unvergänglichen.
Ich aber laufe nicht wie ins Ungewisse;
ich kämpfe mit der Faust nicht wie einer,
der in die Luft schlägt,
sondern ich schinde meinen Leib und bezwinge ihn,
dass ich nicht andern predige
und selbst verwerflich werde.

IMPULS: „Ich bin allen alles geworden". Das klingt auf den ersten Blick nach einem Menschen, der sein Fähnchen nach dem Wind hängt. Nach einem Wendehals, der in aller Regel verachtet wird. Doch der, der das von sich behauptet, ist alles andere als das: Paulus ist eher ein Prinzipienreiter. Jemand, der sich mit jedem anlegt, der aus seiner Sicht falsch handelt. Selbst seine Freunde müssen sich bei ihm hin und wieder warm anziehen. Paulus handelt so um des Evangeliums willen, wie er sagt. Er meint damit, dass er möglichst viele vom Glauben an Jesus Christus überzeugen will. Denn dieser Glaube ist für ihn das Größte überhaupt. Er befreit aus Abhängigkeiten, aus Zwängen und kruden Vorstellungen. Dieser Glaube ist für Paulus das wahre Leben. Und ist für ihn die Ermöglichung echter Freiheit.

Paradoxerweise versteht sich Paulus aber nicht einfach als freier Mensch, der niemandem Untertan ist, sondern als Freiheits-Knecht. Er will das großartige Geschenk des Glaubens an Christus nicht allein für sich beanspruchen. Diesen Glauben will, ja muss Paulus in die Welt hinaustragen – auch in die heidnische Welt. Und hier – das wissen wir aus seinen vielen Briefen – ist Paulus alles andere als ein Wendehals. Seine Grundüberzeugung lautet: Es kommt darauf an, zu Christus zu gehören. Heiden müssen deshalb nicht Juden werden, um dann Christen zu sein. Sie müssen weder nach der Thora leben noch sich beschneiden lassen. Denn in Christus finden sie alles. Für die Juden, zu denen Paulus selbst zählt, mag das anders sein. Auch wenn sie sich an Christus halten, können sie weiterhin so leben, wie sie es gewohnt sind und die jüdischen Speisevorschriften halten.

Problematisch wird es dann, wenn sich an dieser Frage die Gemeinde Christi spaltet, wie Paulus es in Antiochia erlebt. Als Abgesandte der Jerusalemer Gemeinde in der Stadt auftauchen und verbieten, dass die Judenchristen mit Heidenchristen zu Tisch sitzen, da muss Paulus einschreiten. Er schlägt sich voll und ganz auf die Seite der Heiden, die ihren eigenen Weg zu Christus gefunden haben. Hier ist er beileibe kein Wendehals. Sondern ein Vorbild bis heute.

2. Sonntag vor der Passionszeit: Sexagesimä

Lesung: Markus 4,26-29

Jesus sprach:

Mit dem Reich Gottes ist es so,

wie wenn ein Mensch Samen aufs Land wirft

und schläft und steht auf, Nacht und Tag;

und der Same geht auf und wächst – er weiß nicht wie.

Von selbst bringt die Erde Frucht,

zuerst den Halm, danach die Ähre,

danach den vollen Weizen in der Ähre.

Wenn aber die Frucht reif ist,

so schickt er alsbald die Sichel hin;

denn die Ernte ist da.

IMPULS: Es gibt so etwas wie selbsterfüllende Prophezeiungen. Man ahnt und unkt, was kommen kann und verstärkt damit den Prozess. Und am Ende erfüllt sich die positive oder oft auch negative Vorhersage. Ebenso ergeht es dem Mann in dem Gleichnis von der selbstwachsenden Saat. Er ahnt, dass der gute Same, den er aufs Land wirft, Frucht bringen wird. Seine Zuversicht ist so groß, dass er sich gar nicht um die Rahmenbedingungen kümmert. Er wässert weder das Land, noch prüft er das Wachstum oder den Fruchtstand der Ähren. Es ist faszinierend wie entspannt der Landwirt handelt.

Genauso faszinierend ist seine Großzügigkeit. Denn er wirft den Samen nicht nur auf gutes und vorbereitetes Ackerland, sondern einfach auf die Erde, den Boden. So jedenfalls kann man das griechische Original übersetzen. Wie bei einem anderen Gleichnis Jesu, wo von einem vierfachen Ackerfeld die Rede ist. Jedenfalls wird die Saat großzügig verteilt. Sie soll überall hin. So ist das Reich Gottes. Hier wird die Alltagslogik gesprengt, nicht nach Kosten und Nutzen gerechnet. Niemand soll leer ausgehen, sondern alle von der Großmut Gottes schmecken und sehen. Kein Ort wird ausgelassen, selbst wenn die Saat zertreten wird. Aber die Saat wird nicht verschleudert, sondern voller Hoffnung hingeworfen – überall hin. In der Hoffnung, dass die Saat auch dort aufgeht, wo es niemand erwartet. Im Reich Gottes wird keine Gegend und kein Mensch ausgelassen. Jeder bekommt seine Chance, wie unwahrscheinlich es auch scheinen mag. Jesus spricht davon nicht nur in seinen Gleichnissen. Er verhält sich genauso. Zu ihm kann jeder kommen. Seine Gegner rümpfen die Nase, dass er mit Zöllnern und Sündern zusammensitzt und mit ihnen isst und trinkt.

Nicht wenige dieser religiösen und gesellschaftlichen Außenseiter erleben bei Jesus, wie großzügig Gott ist. Von manchen wissen wir, dass sie nach der Begegnung mit Jesus ihr Leben ändern, bei anderen ahnen wir es. Die Saat geht sozusagen auf, wo auch immer sie hingefallen ist. Es ist wie bei einer sich selbst erfüllenden Prophezeiung.

Sonntag vor der Passionszeit:
Estomihi

Lesung: Amos 5,21-24

Ich hasse und verachte eure Feste
und mag eure Versammlungen nicht riechen
– es sei denn, ihr bringt mir rechte Brandopfer dar –,
und an euren Speisopfern habe ich kein Gefallen,
und euer fettes Schlachtopfer sehe ich nicht an.
Tu weg von mir das Geplärr deiner Lieder;
denn ich mag dein Harfenspiel nicht hören!
Es ströme aber das Recht wie Wasser
und die Gerechtigkeit wie ein nie versiegender Bach.

IMPULS: „Seht, wir gehen hinauf nach Jerusalem, und es wird alles vollendet werden, was geschrieben ist durch die Propheten von dem Menschensohn". Der Wochenspruch bringt auf den Punkt, was den Sonntag Estomihi ausmacht: dass wir uns neugierig und offen auf den Weg in die jedes Jahr wieder geheimnisvolle Passionszeit machen. Gott mag keine Opfer und kein Geplärr der Lieder, wenn sie nicht aus ganzem Herzen kommen. Das Einzige, was er gernhat, ist das rechte Brandopfer – was auch immer darunter zu verstehen sei. Das sagt ausgerechnet der Prophet Amos, der sich gegen die Opfervielfalt der zum Tempel gehörenden Priesterschaft wendet und dem es eher auf Worte ankommt und wenig auf das, was am Tempel geschieht.

Wie geht es uns heute mit den vielen Vorschriften zu den Opfern, die uns in der Bibel begegnen? Gehen die uns gar nichts mehr an? Können wir sie kritisieren und ablehnen, wie es Amos tat? Oder sind sie uns bloß noch fremd? Zu fern, als dass wir je auf die Idee kämen, sie anzuwenden? Und doch trifft manches der Worte des Amos auch uns und unsere Art, Gottesdienst zu feiern. Auch ein christlicher Gottesdienst ist nicht von sich aus rund und gut. Anstelle von Opfern hat sich anderes gebildet, das typisch ist: das gut klingt, wenn es von Herzen kommt; das aber fremd wirkt, sobald es nur noch im Sinne der Tradition gebetet und gesprochen wird. Ohne die eingeübte, die Liturgie mitsingende Gemeinde wirkt selbst die vertraute Liturgie wenig stimmig.

In der Vorfastenzeit legt der Sonntag Estomihi seinen Finger direkt in die Wunde: Gott will nicht einfach bestimmte Worte oder Formeln hören. Ihm kommt es darauf an, dass wir mit ganzem Herzen zu ihm beten und um sein Erbarmen bitten. Sonst lässt er auch zu uns sagen: „Ich hasse und verachte eure Feste und mag eure Versammlungen nicht riechen." Damit alles vollendet wird, was über den Menschensohn geschrieben ist, braucht es mehr als tradierte Worte und Lieder: vor allem eine neugierige Einstellung, die hoffnungsvoll auf das wartet, was in der Passion und am Kreuz geschieht und eine wirkliche Gelassenheit, sich am Ende von Gott beschenken zu lassen.

1. Sonntag in der Passionszeit: Invokavit

Lesung: Matthäus 4,1-11

Jesus wurde vom Geist in die Wüste geführt,
damit er von dem Teufel versucht würde.
Und da er vierzig Tage und vierzig Nächte gefastet hatte,
hungerte ihn.
Und der Versucher trat herzu und sprach zu ihm:
Bist du Gottes Sohn,
so sprich, dass diese Steine Brot werden.
Er aber antwortete und sprach:
Es steht geschrieben:
„Der Mensch lebt nicht vom Brot allein,
sondern von einem jeden Wort,
das aus dem Mund Gottes geht." (5. Buch Mose 8,3)
Da führte ihn der Teufel mit sich in die heilige Stadt
und stellte ihn auf die Zinne des Tempels
und sprach zu ihm:
Bist du Gottes Sohn, so wirf dich hinab;
denn es steht geschrieben:
„Er wird seinen Engeln für dich Befehl geben;
und sie werden dich auf den Händen tragen,
damit du deinen Fuß nicht an einen Stein stößt." (Psalm 91,11f.)
Da sprach Jesus zu ihm:
Wiederum steht auch geschrieben:
„Du sollst den Herrn, deinen Gott, nicht versuchen." (5. Buch Mose 6,16)
Wiederum führte ihn der Teufel mit sich
auf einen sehr hohen Berg
und zeigte ihm alle Reiche der Welt und ihre Herrlichkeit
und sprach zu ihm: Das alles will ich dir geben,
wenn du niederfällst und mich anbetest.

Da sprach Jesus zu ihm: Weg mit dir, Satan!
Denn es steht geschrieben:
„Du sollst anbeten den Herrn, deinen Gott,
und ihm allein dienen." (5. Buch Mose 6,13)
Da verließ ihn der Teufel.
Und siehe, da traten Engel herzu und dienten ihm.

IMPULS: Jesus hat gerade vierzig Tage und Nächte gefastet, da wird ihm eine kniffelige Frage gestellt: „Bist du Gottes Sohn?", fragt ihn der, zu dessen Aufgaben es gehört, ihn in Versuchung zu führen. „Wenn du Gottes Sohn bist, dann beweise das doch bitte, lieber Jesus. Dann mach aus diesen Steinen Brot. Damit die Menschen sehen, wer du bist und wie du dich als besonderer Führer verhältst." Ist Jesus von Anfang an klar, wer diese Fragen stellt und dass er hier ablehnend reagieren muss? Oder braucht er Zeit, um zu merken, dass ihm hier eine Mogelpackung angeboten wird? Wie auch immer, Jesus findet die richtigen Worte, mit denen er auf das Angebot reagiert, aus Steinen Brot zu machen. Und dann ist dieser Teil der Erzählung schon zu Ende. Auf erstaunlich schnelle Weise.

Die zweite Szene ist schwieriger zu durchschauen. Der Teufel führt Jesus an die Spitze des Tempels in Jerusalem. Und rät ihm, sich hinabzuwerfen. Gott würde ihn sicher auffangen. Das weiß der Teufel aus dem Psalter: „Er wird seinen Engeln für dich Befehl geben; und sie werden dich auf den Händen tragen, damit du deinen Fuß nicht an einen Stein stößt." Der besondere Ort und das zunächst treffend klingende Zitat hätten den einen oder die andere vielleicht dazu geführt, hier nachzugeben. Doch Jesus antwortet: „Du sollst den Herrn, deinen Gott, nicht versuchen." Und schon ist dieser Gesprächsgang zu Ende.

Zum Schluss führt der Teufel Jesus auf einen besonders hohen Berg und spricht zu ihm: „Das alles will ich dir geben, wenn du niederfällst und mich anbetest." Da spricht Jesus zu ihm: „Weg mit dir, Satan! Denn es steht geschrieben: Du sollst anbeten den Herrn, deinen Gott, und ihm allein dienen." Und schon verlässt ihn der Teufel. Stattdessen kommen die von Gott gesandten Engel und stehen Jesus zur Seite. Wird mit diesem Sieg über den Bösen nicht etwas ausformuliert, was wir uns immer wieder wünschen? Besonders am Sonntag Invokavit? Wo der Wochenspruch aus dem ersten Johannesbrief lautet: „Dazu ist erschienen der Sohn Gottes, dass er die Werke des Teufels zerstöre."

2. Sonntag der Passionszeit: Reminiszere

Lesung: 4. Buch Mose 21,4-9
Israel brach auf von dem Berge Hor
in Richtung auf das Schilfmeer,
um das Land der Edomiter zu umgehen.
Und das Volk wurde verdrossen auf dem Wege
und redete wider Gott und wider Mose:
Warum habt ihr uns aus Ägypten geführt,
dass wir sterben in der Wüste?
Denn es ist kein Brot noch Wasser hier,
und uns ekelt vor dieser mageren Speise.
Da sandte der Herr feurige Schlangen unter das Volk;
die bissen das Volk, dass viele aus Israel starben.
Da kamen sie zu Mose und sprachen:
Wir haben gesündigt, dass wir wider den Herrn
und wider dich geredet haben.
Bitte den Herrn, dass er die Schlangen von uns nehme.
Und Mose bat für das Volk.
Da sprach der Herr zu Mose:
Mache dir eine eherne Schlange
und richte sie an einer Stange hoch auf.
Wer gebissen ist und sieht sie an, der soll leben.
Da machte Mose eine eherne Schlange
und richtete sie hoch auf.
Und wenn jemanden eine Schlange biss,
so sah er die eherne Schlange an und blieb leben.

IMPULS: Der Weg durch die Wüste ist lang. Man kann das Volk verstehen, dass es verdrossen wird. Tag für Tag bieten sich ähnliche Bilder. Vor allem aber das Essen und Trinken wirken total langweilig. „Warum habt ihr uns aus Ägypten geführt", fragen die Männer und Frauen ihren Anführer Mose. Eigentlich aber murren sie gegen Gott. „Dass wir sterben in der Wüste?", fragen sie. Und dann schildern die Leute, dass ihnen das Brot fehlt und das Wasser. Die Speise, die sie essen, erscheint ihnen als mager und dürftig. Sie ekeln sich schon lange vor dem Himmelsbrot, das sie täglich essen müssen.

Aber es soll noch schlimmer kommen: Auf einmal sind giftige Schlangen da, durch die viele sterben. Die Leute, die eben noch über das magere Essen geklagt haben, kommen zu Mose und sprechen von ihrer Sünde: „Wir haben gesündigt, dass wir wider Gott und wider dich geredet haben." Für sie scheint klar zu sein, dass die feuerroten Schlangen von Gott geschickt sind. Als Strafmaßnahmen, weil sie eben noch seine Pläne infrage gestellt haben.

Aber ist das so? Ist Gott so leicht zu kränken? Dass eine Klagerede reicht, ihn strafend eingreifen zu lassen? Nach der Logik der Erzählung scheint das zwar klar zu sein, aber Zweifel sind angebracht. Denn Gott reagiert sofort, nachdem Mose zu ihm gebetet hat. Es braucht kein endloses Warten, keine Zwangspause. Gott schenkt ein sofortiges Gegenmittel: die eherne Schlange, die nur angesehen werden muss, um Heilung zu bekommen.

Der Sonntag Reminiszere gehört als einer der Passionssonntage mitten in die Zeit, in der wir uns besonders auf Karfreitag und Ostern vorbereiten. Obwohl wir nicht perfekt sind, geht Jesus vor uns her, um für uns am Kreuz zu sterben. Wie die eherne Schlange wird er erhöht. Es hat Jahrhunderte gebraucht, seinen Tod nicht im Rahmen des göttlichen Zorns zu betrachten, sondern als Teil der göttlichen Liebe. Wer Jesu Kreuzigung als Beweis der Liebe Gottes zu uns versteht, wird verstehen, wie sein Tod uns freimacht von jeder Vorstellung des göttlichen Zorns. Aber vielleicht ist die Rede von Gottes Zorn vor allem eine sehr menschliche Weise, über Gott zu sprechen.

3. Sonntag der Passionszeit: Okuli

Lesung: 1. Petrusbrief 1,[13-17]18-21
[Umgürtet eure Lenden und stärkt euren Verstand,
seid nüchtern und setzt eure Hoffnung ganz auf die Gnade,
die euch dargeboten wird in der Offenbarung Jesu Christi.
Als gehorsame Kinder gebt euch nicht den Begierden hin,
in denen ihr früher in eurer Unwissenheit lebtet;
sondern wie der, der euch berufen hat, heilig ist,
sollt auch ihr heilig sein in eurem ganzen Wandel.
Denn es steht geschrieben:
„Ihr sollt heilig sein, denn ich bin heilig." (3. Buch Mose 19,2)
Und da ihr den als Vater anruft,
der ohne Ansehen der Person
einen jeden richtet nach seinem Werk,
so führt euer Leben in Gottesfurcht,
solange ihr hier in der Fremde weilt; denn:]
Ihr wisst, dass ihr
nicht mit vergänglichem Silber oder Gold erlöst seid
von eurem nichtigen Wandel nach der Väter Weise,
sondern mit dem teuren Blut Christi
als eines unschuldigen und unbefleckten Lammes.
Er ist zwar zuvor ausersehen, ehe der Welt Grund gelegt war,
aber offenbart am Ende der Zeiten um euretwillen,
die ihr durch ihn glaubt an Gott,
der ihn von den Toten auferweckt
und ihm die Herrlichkeit gegeben hat,
sodass ihr Glauben und Hoffnung zu Gott habt.

IMPULS: Gotteskinder sollen sich grundlegend an Gott orientieren. Es gilt für sie, wie er heilig zu sein. So schreibt es der Verfasser des ersten Petrusbriefes. Das klingt mitten in der Passionszeit erstaunlich optimistisch oder wie ein überzogener Anspruch. In der Passionszeit gehen wir mit Jesus den Weg hinauf nach Jerusalem. Wir begleiten ihn an seinen letzten Tagen und Wochen. Und gehen in der Karwoche dann mit ihm die Schritte weiter nach Golgatha, wo Jesus am Kreuz hingerichtet wird. Wir gehen dorthin, weil wir nicht von uns aus heilig sind, sondern unsere Hoffnung auf den setzen, der dort für uns gestorben ist und zwar wie ein Schwerverbrecher, der am Kreuz alles andere als heilig wirkt. Aber am Ende stellt sich Gott an seine Seite.

Der Weg mit Jesus ans Kreuz ist für uns heute erträglich, weil wir bereits das Ende kennen. Wir wissen, dass Gott den Gekreuzigten nicht alleinlässt, sondern ins Leben zurückholt. Er nimmt den dort Hingerichteten an und befreit ihn aus der Macht des Todes. Dadurch können wir das Kreuz als Zeichen der Liebe Gottes begreifen, der für uns stirbt und sich so selbst hingibt – und zwar für uns. Gott erweist sich am Kreuz als das Subjekt der Versöhnung und nicht nur als dessen Objekt. Sonst wären wir nur mit vergänglichem Silber oder Gold erlöst. Eine solche Erlösung wäre nichts wert und würde uns nicht weiterbringen.

Ostern und Karfreitag bilden gemeinsam die Grunderzählung des christlichen Glaubens. Die Passionszeit wäre nicht auszuhalten, ohne von der Auferstehung Jesu zu wissen. Dabei bildet die Ostererzählung kein Happy End. Sie ist eher ein Doppelpunkt, der einen neuen Anfang setzt. Jesu Tod und Auferstehung setzen uns in Bewegung. Dieser mit Ostern beginnende Neustart hat Auswirkungen für uns und die Art, wie wir leben und wie wir glauben. Jesu Tod und seine Auferstehung wirken in uns nach. Sie lassen uns nicht unverändert. Wir werden neu geschaffen. Wir sehen alles mit anderen, neuen Augen. Als läge ein Teil der Heiligkeit Gottes auf allem, was wir sehen.

4. Sonntag der Passionszeit: Lätare

Lesung: Lukas 22,54-62

Sie ergriffen Jesus und führten ihn ab
und brachten ihn in das Haus des Hohenpriesters.
Petrus aber folgte von ferne.
Da zündeten sie ein Feuer an mitten im Hof
und setzten sich zusammen;
und Petrus setzte sich mitten unter sie.
Da sah ihn eine Magd im Licht sitzen und sah ihn genau an
und sprach: Dieser war auch mit ihm.
Er aber leugnete und sprach: Frau, ich kenne ihn nicht.
Und nach einer kleinen Weile sah ihn ein anderer
und sprach: Du bist auch einer von denen.
Petrus aber sprach: Mensch, ich bin's nicht.
Und nach einer Weile, etwa nach einer Stunde,
bekräftigte es ein anderer und sprach:
Wahrhaftig, dieser war auch mit ihm;
denn er ist auch ein Galiläer.
Petrus aber sprach: Mensch, ich weiß nicht, was du sagst.
Und alsbald, während er noch redete, krähte der Hahn.
Und der Herr wandte sich und sah Petrus an.
Und Petrus gedachte an des Herrn Wort,
wie er zu ihm gesagt hatte:
Ehe heute der Hahn kräht,
wirst du mich dreimal verleugnen.
Und Petrus ging hinaus und weinte bitterlich.

IMPULS: Wer hätte Petrus das zugetraut? Dass er Jesus dreimal verleugnet? Ausgerechnet in der Zeit, in der Jesus gefangen ist und mit dem Schlimmsten rechnen muss. In dieser Situation sagt Petrus einer Magd, er kenne Jesus nicht. Und dann versichert er einem Mann, der ihn mit Jesus in Verbindung bringt, dass er nichts mit ihm zu tun hätte. Und dann antwortet er einem Dritten, der ihn verdächtigt, zu Jesus zu gehören, dass er gar nicht weiß, wovon der redet.

Wir können Petrus dafür als Schwächling geißeln und als Versager brandmarken. Oder wir folgen der Erzählung des Evangelisten. Und schauen ganz genau hin. Dann erkennen wir, wie sehr Petrus sich mit Jesus verbunden weiß. Er flieht nicht wie die anderen, als sein Herr und Meister gefangengenommen wird. Er will unbedingt wissen, was mit Jesus nun geschieht und folgt ihm und den Soldaten. So sieht Petrus, wohin Jesus gebracht wird. Das scheint ihm sehr wichtig zu sein – so wichtig, dass er sich unter fremde Leute begibt.

Doch Petrus hat nicht damit gerechnet, was jetzt kommt: dass ihn die Leute in Verbindung mit Jesus sehen; dass sie in ihm einen der Freunde Jesu vermuten. In der Erzählung wird nicht klar, aus welchem Grund die Frau und die beiden Männer Petrus auf Jesus ansprechen. Wollen sie Petrus schaden? Sind sie einfach neugierig? Oder sind sie interessiert, was er von der Sache hält?

Am Ende kräht der Hahn. Und Petrus muss an die Vorhersage Jesu denken, dass er ihn dreimal verraten wird, ehe der Hahn kräht. Da verlässt Petrus den Hof und fängt an zu weinen – weil er es nicht vermag, zu seinem Freund und Herrn zu stehen in dieser schweren Zeit, wenige Stunden bevor Jesus verurteilt und hingerichtet wird. Am Ende stellt sich eine Frage: Warum steht diese Erzählung in den Evangelien? Wollten die Evangelisten den Ruf von Petrus ruinieren? Vermutlich haben die Evangelisten diese Erzählung in ihren Passionserzählungen untergebracht, weil sie wahr ist – vor allem aber, weil sie uns damit ermutigen wollen. Selbst Petrus, der für die junge Kirche von hoher Bedeutung war, wurde das nicht ohne Makel. Darum dürfen auch wir uns zu denen zählen, die zu Jesus gehören und zwar genau so, wie wir sind.

5. Sonntag der Passionszeit: Judika

Lesung: 1. Buch Mose 22,1-14[15-19]

Gott versuchte Abraham und sprach zu ihm: Abraham!
Und er antwortete: Hier bin ich.
Und er sprach:
Nimm Isaak, deinen einzigen Sohn, den du lieb hast,
und geh hin in das Land Morija
und opfere ihn dort zum Brandopfer
auf einem Berge, den ich dir sagen werde.
Da stand Abraham früh am Morgen auf
und gürtete seinen Esel
und nahm mit sich zwei Knechte und seinen Sohn Isaak
und spaltete Holz zum Brandopfer,
machte sich auf und ging hin an den Ort,
von dem ihm Gott gesagt hatte.
Am dritten Tage hob Abraham seine Augen auf
und sah die Stätte von ferne.
Und Abraham sprach zu seinen Knechten:
Bleibt ihr hier mit dem Esel.
Ich und der Knabe wollen dorthin gehen,
und wenn wir angebetet haben,
wollen wir wieder zu euch kommen.
Und Abraham nahm das Holz zum Brandopfer
und legte es auf seinen Sohn Isaak.
Er aber nahm das Feuer und das Messer in seine Hand;
und gingen die beiden miteinander.
Da sprach Isaak zu seinem Vater Abraham: Mein Vater!
Abraham antwortete: Hier bin ich, mein Sohn.
Und er sprach: Siehe, hier ist Feuer und Holz;
wo ist aber das Schaf zum Brandopfer?

84

Abraham antwortete: Mein Sohn,
Gott wird sich ersehen ein Schaf zum Brandopfer.
Und gingen die beiden miteinander.
Und als sie an die Stätte kamen, die ihm Gott gesagt hatte,
baute Abraham dort einen Altar und legte das Holz darauf
und band seinen Sohn Isaak,
legte ihn auf den Altar oben auf das Holz
und reckte seine Hand aus
und fasste das Messer, dass er seinen Sohn schlachtete.
Da rief ihn der Engel des Herrn vom Himmel
und sprach: Abraham! Abraham!
Er antwortete: Hier bin ich.
Er sprach: Lege deine Hand nicht an den Knaben
und tu ihm nichts;
denn nun weiß ich, dass du Gott fürchtest
und hast deines einzigen Sohnes nicht verschont um meinetwillen.
Da hob Abraham seine Augen auf
und sah einen Widder
hinter sich im Gestrüpp mit seinen Hörnern hängen
und ging hin und nahm den Widder
und opferte ihn zum Brandopfer
an seines Sohnes statt.
Und Abraham nannte die Stätte „Der Herr sieht".
Daher man noch heute sagt:
Auf dem Berge, da der Herr sich sehen lässt.
[Und der Engel des Herrn
rief Abraham abermals vom Himmel her
und sprach: Ich habe bei mir selbst geschworen,
spricht der Herr:

Weil du solches getan hast
und hast deines einzigen Sohnes nicht verschont,
will ich dich segnen und deine Nachkommen mehren
wie die Sterne am Himmel
und wie den Sand am Ufer des Meeres,
und deine Nachkommen sollen
die Tore ihrer Feinde besitzen;
und durch deine Nachkommen
sollen alle Völker auf Erden gesegnet werden,
weil du meiner Stimme gehorcht hast.
So kehrte Abraham zurück zu seinen Knechten.
Und sie machten sich auf
und zogen miteinander nach Beerscheba
und Abraham blieb daselbst.]

Eine Erzählung, der kein Mensch angehören will. Weder als Vater oder Mutter noch als Sohn. Und auch nicht als einer der Knechte. Als Lesende oder Hörende will man nicht alles wissen, was die Erzählung über die geplante Opferung Isaaks aussagt. Man möchte weder in seiner Haut stecken noch in der seines Vaters Abraham. Viel zu viel steht auf dem Spiel. Und zu sehr steht die Erzählung im Widerspruch zur früheren Geschichte, in der Gott Abraham Nachkommen verheißen hat. Sie beginnt mit dem unglaublichen Auftrag. Abraham soll Gott seinen geliebten Sohn Isaak opfern. Warum widerspricht Abraham nicht sofort? Und protestiert nicht vehement? Mit dem Hinweis auf Gottes Verheißungen? Oder tut er das? Und lässt der biblische Erzähler seine berechtigten Einwände schlicht beiseite? Wie auch immer, Abraham lässt sich auf die Opferung seines Sohnes ein. Und tut alles, was nötig ist. Er nimmt seinen Sohn und zwei Knechte und einen Esel mit auf die lange Reise. Sie dauert drei endlos lange Tage und drei Nächte. Kaum zu ertragen. Und kaum auszuhalten.

Die Erzählung wirkt auf den ersten Blick wie aus der Zeit gefallen. Opfern ist uns heute generell fremd. Aber das Opfern eines geliebten Menschen wirkt richtig schrecklich. Erst auf den zweiten Blick müssen wir sagen, dass auch wir heute durchaus Opfer bringen. Für den Beruf, der nur noch wenig Zeit übrig lässt für die Familie, die Freunde oder auch für das, was einem eigentlich wichtig ist. Gerade Kinder leiden häufig darunter, wenn wir aufgrund beruflicher Veränderungen – die völlig verständlich sind – an einen anderen Ort ziehen. Sie verlieren ihre Bezugssysteme, die vertraute Umgebung, die Freunde.

Vor diesem Hintergrund erhält die Erzählung vom Opfer Abrahams eine neue, andere Färbung. Wir kommen von der brennenden Frage nicht los. Wir können uns nicht von dieser alten Erzählung distanzieren, weil sie uns nahekommt. Weil auch wir immer wieder durch manche Entscheidung Opfer bringen. Am Sonntag Judika stellt sich darüber hinaus die Frage, ob es auch für uns einen Ausweg gibt. Wie für Abraham und vor allem Isaak, die einen Widder finden, den sie anstelle des geliebten Sohnes opfern.

6. Sonntag in der Passionszeit: Palmsonntag

Lesung: Philipperbrief 2,5-11

Seid so unter euch gesinnt,
wie es der Gemeinschaft in Christus Jesus entspricht:
Er, der in göttlicher Gestalt war,
hielt es nicht für einen Raub, Gott gleich zu sein,
sondern entäußerte sich selbst und nahm Knechtsgestalt an,
ward den Menschen gleich
und der Erscheinung nach als Mensch erkannt.
Er erniedrigte sich selbst und ward gehorsam bis zum Tode,
ja zum Tode am Kreuz.
Darum hat ihn auch Gott erhöht
und hat ihm den Namen gegeben, der über alle Namen ist,
dass in dem Namen Jesu sich beugen sollen
aller derer Knie, die im Himmel und auf Erden
und unter der Erde sind,
und alle Zungen bekennen sollen,
dass Jesus Christus der Herr ist,
zur Ehre Gottes, des Vaters.

IMPULS: Am Palmsonntag zieht Jesus vor einer jubelnden Menge in die Stadt Jerusalem ein. Aber das ist kein Grund zu grenzenloser Euphorie. Mit diesem Sonntag beginnt schon die Karwoche, in der Jesus angeklagt, zum Tode verurteilt und schließlich am Kreuz hingerichtet wird. Für diesen Aspekt entwirft der Christushymnus des Philipperbriefes mit seinem Hinweis auf die Entäußerung ein besonderes Bild. Es gewinnt bei genauem Hinsehen an Schärfe. Jesus verzichtet zu Lebzeiten auf seine göttliche Seite. Er wird ganz und gar Mensch. Das zeigt sich in der Karwoche besonders deutlich. Jesus erweist sich in dieser Woche als „gehorsam bis zum Tode, ja zum Tode am Kreuz." An Karfreitag stirbt er, wie jeder Mensch sterben muss. Das hat immer wieder im Laufe der Theologie- und Kirchengeschichte zu Fragen geführt. Und immer wieder wurde die Behauptung aufgestellt, Jesus sei nur scheinbar gestorben.

Doch alle, die eine solche Theorie vertreten, nehmen die Besonderheit des Kreuzes Jesu nicht ernst. Denn Jesus stirbt am Kreuz wie ein Schwerverbrecher. Wer so hingerichtet wird, scheint von Gott ganz und gar verlassen. In diesem Tod hat sich Jesus Christus ganz seiner göttlichen Seite entäußert. Er stirbt und ist ganz tot. Hinabgestiegen in das Reich des Todes, wie wir im apostolischen Glaubensbekenntnis sprechen.

Doch dann kommt es zum Unerwarteten: Gott greift ein und erweckt den ganz und gar Gescheiterten zum ewigen Leben. Das ist das Unglaubliche an Ostern: dass sich Gott auf Jesu Seite stellt und ihn auferweckt. Seither ist Jesus der himmlische Christus, dem Gott einen Namen gibt, der höher ist als all die anderen Namen, die uns einfallen, wenn wir über die Großen dieser Welt nachdenken. Sein Name ist größer als die der angesagtesten aktuellen Politikerinnen und Politiker oder der Führenden in der Wirtschaft. Darum schließt Paulus den Christushymnus im Philipperbrief mit Worten der Hoffnung, dass „alle Zungen bekennen sollen, dass Jesus Christus der Herr ist, zur Ehre Gottes, des Vaters."

Gründonnerstag

Lesung: Johannes 13,1-15.34-35

Vor dem Passafest erkannte Jesus,
dass seine Stunde gekommen war,
dass er aus dieser Welt ginge zum Vater.
Wie er die Seinen geliebt hatte, die in der Welt waren,
so liebte er sie bis ans Ende.
Und nach dem Abendessen –
als schon der Teufel dem Judas,
dem Sohn des Simon Iskariot,
ins Herz gegeben hatte, dass er ihn verriete;
Jesus aber wusste,
dass ihm der Vater alles in seine Hände gegeben hatte
und dass er von Gott gekommen war und zu Gott ging –
da stand er vom Mahl auf, legte seine Kleider ab
und nahm einen Schurz und umgürtete sich.
Danach goss er Wasser in ein Becken,
fing an, den Jüngern die Füße zu waschen
und zu trocknen mit dem Schurz,
mit dem er umgürtet war.
Da kam er zu Simon Petrus;
der sprach zu ihm: Herr, du wäschst mir die Füße?
Jesus antwortete und sprach zu ihm:
Was ich tue, das verstehst du jetzt nicht;
du wirst es aber hernach erfahren.
Da sprach Petrus zu ihm:
Nimmermehr sollst du mir die Füße waschen!
Jesus antwortete ihm: Wenn ich dich nicht wasche,
so hast du kein Teil an mir.
Spricht zu ihm Simon Petrus: Herr, nicht die Füße allein,
sondern auch die Hände und das Haupt!

Spricht Jesus zu ihm: Wer gewaschen ist,
bedarf nichts, als dass ihm die Füße gewaschen werden;
er ist vielmehr ganz rein.
Und ihr seid rein, aber nicht alle.
Denn er wusste, wer ihn verraten würde;
darum sprach er: Ihr seid nicht alle rein.
Als er nun ihre Füße gewaschen hatte,
nahm er seine Kleider und setzte sich wieder nieder
und sprach zu ihnen: Wisst ihr, was ich euch getan habe?
Ihr nennt mich Meister und Herr und sagt es mit Recht,
denn ich bin's auch.
Wenn nun ich, euer Herr und Meister,
euch die Füße gewaschen habe,
so sollt auch ihr euch untereinander die Füße waschen.
Denn ein Beispiel habe ich euch gegeben,
damit ihr tut, wie ich euch getan habe.
Ein neues Gebot gebe ich euch,
dass ihr euch untereinander liebt,
wie ich euch geliebt habe,
damit auch ihr einander lieb habt.
Daran wird jedermann erkennen,
dass ihr meine Jünger seid,
wenn ihr Liebe untereinander habt.

IMPULS: Zum Gründonnerstag gehört neben Jesu letztem Abendmahl auch die Szene, in der Jesus seinen Jüngern die Füße wäscht. Ein unerwartetes Ereignis. Geradezu eine Provokation, wie sich an der Reaktion zeigt: Petrus verweigert sich. Er kann sich nicht von seinem Herrn die Füße waschen lassen. „Nimmermehr sollst du mir die Füße waschen!", sagt er zu Jesus. Typisch für ihn, dass er sich bald darauf eines Besseren belehren lässt. Und dann auch noch fordert, dass ihm Jesus neben den Füßen auch die Hände und den Kopf wäscht. Doch Jesus antwortet ihm, die Fußwaschung reiche völlig aus.

Die Fußwaschung der Gäste übernimmt normalerweise ein Diener. Im Orient waren die Füße häufig verdreckt und brauchten immer wieder solche Waschungen. Dass Jesus als Meister und Freund seinen Jüngern die Füße wäscht, irritiert nicht nur Petrus, sondern vermutlich auch die übrigen. Wäre es nicht besser, dass einer der Jünger Jesus die Füße wäscht?

Doch Jesus vollzieht die Fußwaschung als prophetisches Liebeszeichen. Als Jesus schon ahnt, was mit ihm geschehen wird, kurz vor seiner Verhaftung zeigt er ihnen, wie sehr er ihnen in Liebe verbunden ist und bleibt. Wenn er nicht mehr unter ihnen ist, sollen sich seine Jünger an die Fußwaschung erinnern und sich gegenseitig die Füße waschen – als Liebesbeweis. „Daran wird jedermann erkennen, dass ihr meine Jünger seid, wenn ihr Liebe untereinander habt."

Vielleicht wäre es an der Zeit, in unseren Gottesdiensten an Gründonnerstag nicht nur an Jesu letztes Abendmahl zu erinnern, sondern auch an die Fußwaschung, wie es bereits in manchen Gemeinden geschieht. Dass die Pfarrerschaft und die eine oder die andere Person aus dem Kirchenvorstand den Mitgliedern der Gemeinde die Füße wäscht, wäre sicher für manche provokant oder irritierend. Aber wir würden uns so auf den Weg machen, das Bild der Kirche im Sinne Jesu zu verändern.

Karfreitag

Lesung: Matthäus 27,33-54

Als sie an die Stätte kamen mit Namen Golgatha,
das heißt: Schädelstätte,
gaben sie Jesus Wein zu trinken mit Galle vermischt;
und da er's schmeckte, wollte er nicht trinken.
Als sie ihn aber gekreuzigt hatten,
verteilten sie seine Kleider und warfen das Los darum.
Und sie saßen da und bewachten ihn.
Und oben über sein Haupt setzten sie eine Aufschrift
mit der Ursache seines Todes:
Dies ist Jesus, der Juden König.
Da wurden zwei Räuber mit ihm gekreuzigt,
einer zur Rechten und einer zur Linken.
Die aber vorübergingen, lästerten ihn
und schüttelten ihre Köpfe und sprachen:
Der du den Tempel abbrichst
und baust ihn auf in drei Tagen,
hilf dir selber, wenn du Gottes Sohn bist,
und steig herab vom Kreuz!
Desgleichen spotteten auch die Hohenpriester
mit den Schriftgelehrten und Ältesten und sprachen:
Andern hat er geholfen und kann sich selber nicht helfen.
Er ist der König von Israel, er steige nun herab vom Kreuz.
Dann wollen wir an ihn glauben.
Er hat Gott vertraut;
der erlöse ihn nun, wenn er Gefallen an ihm hat;
denn er hat gesagt: Ich bin Gottes Sohn.
Desgleichen schmähten ihn auch die Räuber,
die mit ihm gekreuzigt waren.

Von der sechsten Stunde an
kam eine Finsternis über das ganze Land
bis zur neunten Stunde.
Und um die neunte Stunde schrie Jesus laut:
Eli, Eli, lama asabtani?
Das heißt: Mein Gott, mein Gott,
warum hast du mich verlassen?
Einige aber, die da standen, als sie das hörten, sprachen sie:
Der ruft nach Elia.
Und sogleich lief einer von ihnen,
nahm einen Schwamm und füllte ihn mit Essig
und steckte ihn auf ein Rohr und gab ihm zu trinken.
Die andern aber sprachen:
Halt, lasst uns sehen, ob Elia komme und ihm helfe!
Aber Jesus schrie abermals laut und verschied.
Und siehe, der Vorhang im Tempel zerriss in zwei Stücke
von oben an bis unten aus.
Und die Erde erbebte, und die Felsen zerrissen,
und die Gräber taten sich auf
und viele Leiber der entschlafenen Heiligen standen auf
und gingen aus den Gräbern nach seiner Auferstehung
und kamen in die heilige Stadt und erschienen vielen.
Als aber der Hauptmann und die mit ihm Jesus bewachten
das Erdbeben sahen und was da geschah,
erschraken sie sehr und sprachen:
Wahrlich, dieser ist Gottes Sohn gewesen!

IMPULS: „Mein Gott, mein Gott, warum hast du mich verlassen?" Eines der letzten Worte Jesu am Kreuz zeigt das große Dilemma des Karfreitags: Jesus wird an diesem Tag hingerichtet wie ein Schwerverbrecher. Ohne jede Hoffnung und Perspektive. Und das gilt nicht nur in den Augen seiner Jüngerinnen und Jünger. Jesus selbst muss sein Schicksal so verstanden haben. Im Matthäusevangelium ist die Kreuzigungsszene besonders tragisch erzählt. Beide Räuber, die neben Jesus hingerichtet werden, verspotten ihn. Keiner von ihnen hält zu Jesus. Keiner verteidigt ihn. Vor allem aber lästern die Hohepriester, die Schriftgelehrten und die Ältesten. Sie sagen: „Andern hat er geholfen und kann sich selber nicht helfen." Wenn er der König der Juden ist, was als Grund der Hinrichtung gilt, dann soll er das zeigen und einfach vom Kreuz herabsteigen. Dann könnten und würden sie ihm glauben.

Doch das wäre dann kein Glauben mehr, sondern ein Wissen. Der christliche Glaube funktioniert anders. Man muss sich auf ihn einlassen und zwar ohne Sicherheit. Wie der heidnische Hauptmann. Der nach Jesu Tod zutiefst erschreckt ist über das, was er als Offizier eben noch zuließ. Und der am Ende sagt: „Wahrlich, dieser ist Gottes Sohn gewesen." Diese Worte sagt er, obwohl er als Hauptmann mit seinen Soldaten für die Kreuzigung Jesu verantwortlich ist. Obwohl er zuließ, dass die Soldaten Jesus lästerten, quälten und schließlich hinrichteten. Er spricht einfach aus, was er in diesem Moment erlebt, als Jesus stirbt: ein Satz des Glaubens, ohne jede Hoffnung, zu Gott zu finden. Ohne den Gedanken, dass ihm seine Schuld jemals vergeben wird, die er an Jesu Tod trägt.

Und doch – das ist das Besondere am Karfreitag – hat Gott ihm schon vergeben. Denn Jesu Tod hat die Kraft, unsere Dilemmata zu durchkreuzen. Wir sind nicht auf das angewiesen, was wir getan oder unterlassen haben. Dafür steht an Karfreitag der heidnische Hauptmann.

Ostersonntag

Lesung: 1. Buch Samuel 2,1-8a

Hanna betete und sprach:
Mein Herz ist fröhlich in dem Herrn,
mein Horn ist erhöht in dem Herrn.
Mein Mund hat sich weit aufgetan wider meine Feinde,
denn ich freue mich deines Heils.
Es ist niemand heilig wie der Herr, außer dir ist keiner,
und ist kein Fels, wie unser Gott ist.
Lasst euer großes Rühmen und Trotzen,
freches Reden gehe nicht aus eurem Munde;
denn der Herr ist ein Gott, der es merkt,
und von ihm werden Taten gewogen.
Der Bogen der Starken ist zerbrochen,
und die Schwachen sind umgürtet mit Stärke.
Die da satt waren, müssen um Brot dienen,
und die Hunger litten, hungert nicht mehr.
Die Unfruchtbare hat sieben geboren,
und die viele Kinder hatte, welkt dahin.
Der Herr tötet und macht lebendig,
führt ins Totenreich und wieder herauf.
Der Herr macht arm und macht reich;
er erniedrigt und erhöht.
Er hebt auf den Dürftigen aus dem Staub
und erhöht den Armen aus der Asche,
dass er ihn setze unter die Fürsten
und den Thron der Ehre erben lasse.

IMPULS: „Der Herr tötet und macht lebendig, führt ins Totenreich und wieder herauf. Der Herr macht arm und macht reich; er erniedrigt und erhöht. Er hebt auf den Dürftigen aus dem Staub und erhöht den Armen aus der Asche." Am Ostersonntag beschreibt Hannas Gebet, was Ostern geschieht: Gott erweckt seinen Sohn zum Leben. Er führt Jesus heraus aus dem Reich der Toten. Er erhöht den als Verbrecher gekreuzigten Jesus aus dem Todesreich zurück ins Leben. Gott kehrt das Schicksal um, das Jesus durchleiden musste. Er erweckt den hingerichteten Verbrecher und bekennt sich zu ihm als seinem Sohn. Das ist Grund zur Freude, zu großer Fröhlichkeit – Grund, aus ganzem Herzen zu lachen. So wie es Hanna tut.

Aber Hannas fröhliches Gebet hat ursprünglich einen anderen Grund. Zuallererst reflektiert es ihr eigenes Schicksal: Sie blieb über Jahre kinderlos und litt zutiefst unter diesem Schicksal. Jahr für Jahr wurde sie gedemütigt. Am Ende weinte sie bitterlich. Ihre einzige Hoffnung war Gott, zu dem sie inbrünstig betete. Und dann geschieht ein Wunder: Sie wird schwanger und bekommt ihren Sohn Samuel. Ihr Gebet klingt deshalb nach Freude und Dank. Sie weiß, wem sie die Schicksalswende verdankt: Gott, der den Schwachen seine Stärke schenkt.

Doch Hannas Schicksal kann uns an Ostern zum Vorbild werden. Ostern ist kein vergangenes Ereignis, sondern soll Frucht bringen bis in unsere Gegenwart. Dass Jesus lebt, ist auch für uns heute zu erleben. Seine Auferstehung ist Grund unseres Glaubens. Und die Osterfreude darf sich mehr und mehr in unser Leben einfügen. Wie Hanna dürfen auch wir an Ostern lachen und jauchzen. Wie Gott Hannas Leben gewendet hat, so hat er an Ostern gehandelt. Wir dürfen jubeln, dass Gott Jesus auferweckt hat. Er ist bei uns, wenn wir uns in seinem Namen versammeln.

Ostermontag

Lesung: 1. Korintherbrief 15,50-58

Das sage ich, liebe Brüder und Schwestern,
dass Fleisch und Blut das Reich Gottes
nicht ererben können;
auch wird das Verwesliche nicht erben die Unverweslichkeit.
Siehe, ich sage euch ein Geheimnis:
Wir werden nicht alle entschlafen,
wir werden aber alle verwandelt werden;
und das plötzlich, in einem Augenblick,
zur Zeit der letzten Posaune.
Denn es wird die Posaune erschallen
und die Toten werden auferstehen unverweslich,
und wir werden verwandelt werden.
Denn dies Verwesliche muss anziehen die Unverweslichkeit,
und dies Sterbliche muss anziehen die Unsterblichkeit.
Wenn aber dies Verwesliche anziehen wird die Unverweslichkeit
und dies Sterbliche anziehen wird die Unsterblichkeit,
dann wird erfüllt werden das Wort, das geschrieben steht:
„Der Tod ist verschlungen in den Sieg.
Tod, wo ist dein Sieg? Tod, wo ist dein Stachel?" (Jesaja 25,8; Hosea 13,14)
Der Stachel des Todes aber ist die Sünde,
die Kraft aber der Sünde ist das Gesetz.
Gott aber sei Dank, der uns den Sieg gibt
durch unsern Herrn Jesus Christus!
Darum, meine lieben Brüder und Schwestern,
seid fest und unerschütterlich
und nehmt immer zu in dem Werk des Herrn,
denn ihr wisst, dass eure Arbeit nicht vergeblich ist
in dem Herrn.

IMPULS: Können wir uns schon hier auf Erden ein Bild über das ewige Leben machen? Oder sind solche Gedanken unsinnige Spekulationen, Phantasien, mit denen wir die trüben Gedanken wegwischen, nach dem Tod sei alles aus und vorbei? Es ist klar, wenn wir über die jenseitige Welt sprechen, dann müssen wir das mit Bedacht tun. So wie Paulus, der im 15. Kapitel des 1. Korintherbriefes – wenige Verse vor dem für den Ostermontag vorgeschlagenen Predigttext – schreibt: „Es wird gesät verweslich und wird auferstehen unverweslich." Und dann fortfährt: „Es wird gesät ein natürlicher Leib und wird auferstehen ein geistlicher Leib." Mehr kann er nicht sagen über die jenseitige Welt.

Für einen, dem klar ist, dass Jesus auferstanden ist, hält sich Paulus sehr zurück bei seiner Schilderung der Ewigkeit. Aber ihm ist klar, dass das ewige Leben sich radikal vom gegenwärtigen unterscheidet: „Die Toten werden auferstehen unverweslich." Und auch diejenigen, die beim Anbruch des Jüngsten Tages noch leben, werden völlig verwandelt werden. Denn „Fleisch und Blut" können nicht im jenseitig gedachten Reich Gottes sein. Irdisches Leben wird es in der Ewigkeit nicht geben können.

Und doch denkt Paulus nicht nur an die radikale Veränderung zwischen dem irdischen und dem ewigen Leben, sondern auch daran, dass es eine Kontinuität gibt. Es sind konkrete Menschen, die auferweckt werden. Sie werden zwar einen ganz neuen, unverweslichen Leib tragen, der aber auf geheimnisvolle Weise an den irdischen Leib anknüpft. Diese doppelte Vorstellung des Paulus zeichnet ein tragfähiges Bild der Ewigkeit, das bis heute überzeugt. Danach gibt es sowohl eine Kontinuität wie eine Veränderung zwischen dem irdischen und dem ewigen Leben.

1. Sonntag nach Ostern: Quasimodogeniti

Lesung: Johannes 20,19-20[21-23]24-29

Am Abend des ersten Tages der Woche,
da die Jünger versammelt
und die Türen verschlossen waren
aus Furcht vor den Juden,
kam Jesus und trat mitten unter sie
und spricht zu ihnen: Friede sei mit euch!
Und als er das gesagt hatte,
zeigte er ihnen die Hände und seine Seite.
Da wurden die Jünger froh, dass sie den Herrn sahen.
[Da sprach Jesus abermals zu ihnen: Friede sei mit euch!
Wie mich der Vater gesandt hat, so sende ich euch.
Und als er das gesagt hatte, blies er sie an
und spricht zu ihnen: Nehmt hin den Heiligen Geist!
Welchen ihr die Sünden erlasst, denen sind sie erlassen;
welchen ihr sie behaltet, denen sind sie behalten.]
Thomas aber, einer der Zwölf, der Zwilling genannt wird,
war nicht bei ihnen, als Jesus kam.
Da sagten die andern Jünger zu ihm:
Wir haben den Herrn gesehen.
Er aber sprach zu ihnen:
Wenn ich nicht in seinen Händen die Nägelmale sehe
und lege meinen Finger in die Nägelmale
und lege meine Hand in seine Seite,
kann ich's nicht glauben.
Und nach acht Tagen waren seine Jünger abermals drinnen,
und Thomas war bei ihnen.
Kommt Jesus, als die Türen verschlossen waren,
und tritt mitten unter sie und spricht: Friede sei mit euch!

Danach spricht er zu Thomas:
Reiche deinen Finger her und sieh meine Hände,
und reiche deine Hand her und lege sie in meine Seite,
und sei nicht ungläubig, sondern gläubig!
Thomas antwortete und sprach zu ihm:
Mein Herr und mein Gott!
Spricht Jesus zu ihm:
Weil du mich gesehen hast, darum glaubst du?
Selig sind, die nicht sehen und doch glauben!

IMPULS: Es fällt nicht leicht, Ostern zu begreifen. Das geht auch den Jüngerinnen und Jüngern Jesu so. Die Frauen, die die Botschaft vom leeren Grab als erstes hören und sehen, geraten in Angst und Schrecken. Was dort am Ostermorgen geschieht, passt nicht mit dem zusammen, was sie bisher über Leben und Sterben denken. Sie sind enttäuscht und fliehen geradezu panisch. Auch für den Kreis der Jünger ist es schwer zu begreifen, dass das Leben über den Tod siegt. Sie können erst an die Auferstehung glauben, als sich Jesus ihnen zeigt.

Aber Thomas ist nicht dabei. Und er kann der Schilderung der anderen Jünger nicht einfach freudig zustimmen. Es reicht ihm nicht, dass sie ihm berichten, Jesus gesehen zu haben. Er sagt: „Wenn ich nicht in seinen Händen die Nägelmale sehe und lege meinen Finger in die Nägelmale und lege meine Hand in seine Seite, kann ich's nicht glauben." Er will buchstäblich die Kraft der Auferstehung begreifen. Ihm reicht es nicht, den Auferstandenen zu sehen, was den anderen Jüngern schon genügt. Eigentlich ist es klug, was er sagt. Nur so kann er klären, dass der Auferstandene der ist, der am Kreuz gestorben ist. Er kann das erst glauben, wenn er es mit eigenen Händen spüren kann. Dann erst weiß er, dass es der Gekreuzigte ist, der nun wieder lebt.

Acht Tage später kommt Jesus erneut in die Runde. Diesmal ist Thomas dabei. Und Jesus spricht ihn an: „Reiche deinen Finger her und sieh meine Hände, und reiche deine Hand her und lege sie in meine Seite." Jesus nimmt Thomas und seine offenen Fragen ernst. Denn nur so kann Thomas begreifen und glauben, dass der am Kreuz Gestorbene der Auferstandene ist.

Am Ende nimmt Jesus aber nicht nur den ungläubigen Thomas ernst, sondern auch uns Heutige, die wir an Jesus Christus glauben, ohne ihn sehen und ohne mit unseren Fingern die Nägelmale berühren zu können wie Thomas. Sein letzter Satz gilt uns: „Selig sind, die nicht sehen und doch glauben."

2. Sonntag nach Ostern: Misericordias Domini

Lesung: 1. Buch Mose 16,1-16

Sarai, Abrams Frau, gebar ihm kein Kind.

Sie hatte aber eine ägyptische Magd, die hieß Hagar.

Und Sarai sprach zu Abram:

Siehe, der Herr hat mich verschlossen,

dass ich nicht gebären kann.

Geh doch zu meiner Magd,

ob ich vielleicht durch sie zu einem Sohn komme.

Und Abram gehorchte der Stimme Sarais.

Da nahm Sarai, Abrams Frau, ihre ägyptische Magd Hagar

und gab sie Abram, ihrem Mann, zur Frau,

nachdem Abram zehn Jahre im Lande Kanaan gewohnt hatte.

Und er ging zu Hagar, die ward schwanger.

Als sie nun sah, dass sie schwanger war,

achtete sie ihre Herrin gering.

Da sprach Sarai zu Abram:

Das Unrecht, das mir geschieht, komme über dich!

Ich habe meine Magd dir in die Arme gegeben;

nun sie aber sieht, dass sie schwanger geworden ist,

bin ich gering geachtet in ihren Augen.

Der Herr sei Richter zwischen mir und dir.

Abram aber sprach zu Sarai:

Siehe, deine Magd ist unter deiner Gewalt;

tu mit ihr, wie dir's gefällt.

Da demütigte Sarai sie, sodass sie vor ihr floh.

Aber der Engel des Herrn fand sie

bei einer Wasserquelle in der Wüste,

nämlich bei der Quelle am Wege nach Schur.

Der sprach zu ihr: Hagar, Sarais Magd,

wo kommst du her und wo willst du hin?

Sie sprach: Ich bin von Sarai, meiner Herrin, geflohen.

Und der Engel des Herrn sprach zu ihr:

Kehre wieder um zu deiner Herrin

und demütige dich unter ihre Hand.

Und der Engel des Herrn sprach zu ihr:

Ich will deine Nachkommen so mehren,

dass sie der großen Menge wegen

nicht gezählt werden können.

Weiter sprach der Engel des Herrn zu ihr:

Siehe, du bist schwanger geworden

und wirst einen Sohn gebären,

dessen Namen sollst du Ismael nennen;

denn der Herr hat dein Elend erhört.

Er wird ein Mann wie ein Wildesel sein;

seine Hand wider jedermann

und jedermanns Hand wider ihn,

und er wird sich all seinen Brüdern vor die Nase setzen.

Und sie nannte den Namen des Herrn, der mit ihr redete:

Du bist ein Gott, der mich sieht.

Denn sie sprach: Gewiss hab ich hier

hinter dem hergesehen, der mich angesehen hat.

Darum nannte man den Brunnen:

„Brunnen des Lebendigen, der mich sieht".

Er liegt zwischen Kadesch und Bered.

Und Hagar gebar Abram einen Sohn,

und Abram nannte den Sohn, den ihm Hagar gebar, Ismael.

Und Abram war sechsundachtzig Jahre alt,

als ihm Hagar den Ismael gebar.

IMPULS: Hagar hat es nicht leicht in dieser Erzählung. Aber das gilt auch für Sarai. Ihre Kinderlosigkeit, die die Geschichten der beiden Frauen unauflöslich miteinander verwebt, ist für Sarai nur schwer zu ertragen. Sie ist als Abrahams Frau die Herrin. Und Hagar ist die Magd. Dieses Verhältnis scheint klar und festgefügt. Allerdings verschiebt sich manches, als Sarai ihrem Mann Abraham sagt, er solle mit Hagar ein Kind zeugen. Als die schwanger wird, verachtet Hagar ihre Herrin nur noch.

Daraufhin beschwert sich Sarai bei Abraham: „Das Unrecht, das mir geschieht, komme über dich! Ich habe meine Magd dir in die Arme gegeben; nun sie aber sieht, dass sie schwanger geworden ist, bin ich gering geachtet in ihren Augen." Doch Abraham entzieht sich der Verantwortung. Er greift nicht ein. Dass das wenig klug ist, zeigt sich bald. Sarai demütigt Hagar und zwar auf eine Weise, die für diese sehr schlimm gewesen sein muss. Jedenfalls sieht Hagar keinen anderen Ausweg, als zu fliehen. So sitzt sie nun schutzlos in der Wüste. Doch Gott lässt Hagar nicht allein. Er schickt ihr einen Engel, der sie fragt: „Hagar, Sarais Magd, wo kommst du her und wo willst du hin?" Und dann zeigt er ihr, dass es für sie nur einen Weg gibt: „Kehre wieder um zu deiner Herrin und demütige dich unter ihre Hand." Es gibt einen guten Grund, warum sich Hagar auf diesen Rat einlässt. Gott macht ihr durch seinen Engel klar, dass sie auf diese Weise zur Handelnden wird. Statt unklug auf ihre Herrin herabzuschauen, nimmt sie nun ihre Rolle aktiv an. Das kann sie, weil ihr der Engel eine Zukunft vor Augen malt. Sie soll ihren Sohn Ismael nennen. Er wird ein wilder Mann werden. Aber von Gott mit einer großen Nachkommenschaft gesegnet sein.

Auch wir werden immer wieder im Beruf oder auch in der Familie und dem Freundeskreis gedemütigt. Natürlich können wir vor einer solchen Demütigung fliehen oder dagegen rebellieren. Oder wir halten es mit Hagar. Nehmen unsere Rolle an, zu der auch die eine oder andere Einschränkung zählen mag. Das wird erleichtert, wenn wir gleichzeitig die Zukunft in den Blick nehmen, in der sich manches verändern kann. Vielleicht gelingt es uns wie Hagar, bei Gott Trost zu finden und ihm einen besonderen Namen zu geben: „Du bist ein Gott, der mich sieht."

3. Sonntag nach Ostern: Jubilate

Lesung: 2. Korintherbrief 4,14-18

Wir wissen,
dass der, der den Herrn Jesus auferweckt hat,
wird uns auch auferwecken mit Jesus
und wird uns vor sich stellen samt euch.
Denn es geschieht alles um euretwillen,
auf dass die Gnade durch viele wachse
und so die Danksagung noch reicher werde
zur Ehre Gottes.
Darum werden wir nicht müde;
sondern wenn auch unser äußerer Mensch verfällt,
so wird doch der innere von Tag zu Tag erneuert.
Denn unsre Bedrängnis, die zeitlich und leicht ist,
schafft eine ewige
und über alle Maßen gewichtige Herrlichkeit,
uns, die wir nicht sehen auf das Sichtbare,
sondern auf das Unsichtbare.
Denn was sichtbar ist, das ist zeitlich;
was aber unsichtbar ist, das ist ewig.

IMPULS: „Ist jemand in Christus, so ist er eine neue Kreatur; das Alte ist vergangen, siehe, Neues ist geworden." Der Wochenspruch für den Sonntag Jubilate bringt die Theologie des Apostels Paulus auf den Punkt. Es kommt für ihn vor allem darauf an, in Christus zu sein. Also an Jesus Christus zu glauben und ihm im Leben und auch im Sterben zu vertrauen. Alles andere erscheint für Paulus fast unwichtig. Selbst Schmerzen und Bedrängnisse kann er ertragen, weil sie zeitlich begrenzt sind. Wer in Christus ist, ist für Paulus eine Neuschöpfung. Gott schenkt allen Christinnen und Christen ein neues Leben, das geprägt ist von der unwiderstehlichen Auferstehungsmacht Christi. Er hofft, dass die Welt durch die von Gott einmal durchgesetzte Auferstehung ein für alle Mal aus ihrer Todesverfallenheit befreit ist. Konkret glaubt er, dass wir als Christen nach unserem Tod ebenso von Gott auferweckt werden wie der Gekreuzigte. Paulus kann sich das nicht anders vorstellen. Die Hoffnung auf die Auferstehung erfüllt ihn vor allem aber mit Dankbarkeit. Sie ist für ihn ein Grund zu Gott zu jubeln.

Seine Vorstellung wirkt wie eine Gegendarstellung zum heutigen Leben und Lebensgefühl. Wir haben heute zu Recht gelernt, auf das Hier und Jetzt mehr Wert zu legen als Paulus. Oft leben wir aber, als gäbe es kaum noch ein Morgen. In unserem Tun und Lassen scheint es, als gäbe es nur die sichtbare Welt. Viele haben eine große Angst, etwas Wichtiges in ihrem Leben zu verpassen. Wer dagegen die Hoffnung auf eine jenseitige Welt laut äußert, läuft heute manchmal Gefahr, als Spinner angesehen zu werden. Wir achten heute mehr auf das, was Paulus den äußeren Menschen oder das Sichtbare nennt. Wie kann es gelingen, dass wir dennoch den inneren Menschen schätzen, auf den es doch viel mehr ankommt als auf alles Äußerliche?

Vielleicht ist es gut, wenn wir heute vorsichtiger als Paulus von der Ewigkeit reden. Und der sichtbaren Welt eine notwendige Aufmerksamkeit widmen. Sie ist von Gott geschaffen. Aber die Hoffnung, dass es nach dem Tod noch eine jenseitige Welt gibt, malt über unsere Welt hinaus ein Zukunftsbild. Schon allein die Vorstellung, dass es diese andere Welt gibt, schenkt Trost – bereits im Hier und Jetzt.

4. Sonntag nach Ostern: Kantate

Lesung: Offenbarung an Johannes 15,2-4

Ich sah, wie sich ein gläsernes Meer mit Feuer vermengte,
und die den Sieg behalten hatten
über das Tier und sein Bild
und über die Zahl seines Namens,
die standen an dem gläsernen Meer
und hatten Gottes Harfen
und sangen das Lied des Mose, des Knechtes Gottes,
und das Lied des Lammes:
Groß und wunderbar sind deine Werke,
Herr, allmächtiger Gott!
Gerecht und wahrhaftig sind deine Wege,
du König der Völker.
Wer sollte dich, Herr, nicht fürchten
und deinen Namen nicht preisen?
Denn du allein bist heilig!
Ja, alle Völker werden kommen und anbeten vor dir,
denn deine Urteile sind offenbar geworden.

IMPULS: „Singet dem Herrn ein neues Lied, denn er tut Wunder". Der erste Vers von Psalm 98 stimmt uns passend ein auf den Sonntag Kantate. Er nimmt den Charakter dieses Sonntags auf und ruft zum Singen auf. Er thematisiert damit einen zentralen Aspekt der christlichen Lebenskunst. Singen tut uns Menschen einfach gut. Beim Singen verbinden sich Körper, Seele und Geist auf eine ganzheitliche Weise. Die Neurowissenschaft hat herausgefunden, dass beim Singen darüber hinaus Glückshormone gebildet werden. Und beim gemeinsamen Gesang entsteht zudem noch das Gefühl von Gemeinschaft mit den Mitsängerinnen und Mitsängern. Nun ruft Psalm 98 dazu auf, für Gott zu singen. Ihn also möglichst vielstimmig zu loben und zu preisen. Und zwar mit einem neuen Lied, das die Wunder besingt, die Gott tut. Wie es einst Mose und seine Schwester Miriam taten, nachdem Gott das israelitische Volk gerettet hatte (2. Buch Mose 15).

Der Seher Johannes knüpft an diese Urerzählung des Glaubens an: an den Auszug der Israeliten aus Ägypten und ihre wunderbare Rettung durch Gott, als sie fast verloren waren. Eine beängstigende Situation: Das Volk war eingekesselt, vor sich das Meer und hinter sich die Streitwagen der haushoch überlegenen Streitkräfte des Pharao. Aber Gott weist den geflohenen Sklavenarbeitern einen Weg, der mitten durch das Meer führt. Ein Ausweg in letzter Not. Als dann die schweren Wagen der Ägypter folgen, lässt Gott das Meer zurückkehren. Die hochgerüstete Armee ist geschlagen. Während die kaum bewaffneten Israeliten gerettet sind. Ein Grund, Gott zu loben und ihm zu danken – natürlich mit einem Lied.

Dieses Lied singen am Ende der Zeit auch die neuen Gotteskinder, die Gott treu geblieben sind. Sie singen Moses Lied, das zum Lied Christi wird. Und sie preisen damit Gott und seine großen Werke, dessen Wege gut, gerecht und wahrhaftig sind. Und der am Ende alle Völker zu sich kommen lässt, die zu ihm singen und ihn loben.

5. Sonntag nach Ostern: Rogate

Lesung: 2. Buch Mose 32,7-14

Der Herr sprach zu Mose: Geh, steig hinab;
denn dein Volk, das du aus Ägyptenland geführt hast,
hat schändlich gehandelt.
Sie sind schnell von dem Wege gewichen,
den ich ihnen geboten habe.
Sie haben sich ein gegossenes Kalb gemacht
und haben's angebetet und ihm geopfert
und gesagt: Dies sind deine Götter, Israel,
die dich aus Ägyptenland geführt haben.
Und der Herr sprach zu Mose: Ich habe dies Volk gesehen.
Und siehe, es ist ein halsstarriges Volk.
Und nun lass mich, dass mein Zorn über sie entbrenne
und sie verzehre;
dafür will ich dich zum großen Volk machen.
Mose wollte den Herrn, seinen Gott,
besänftigen und sprach:
Ach, Herr, warum will dein Zorn entbrennen
über dein Volk, das du mit großer Kraft
und starker Hand aus Ägyptenland geführt hast?
Warum sollen die Ägypter sagen:
Er hat sie zu ihrem Unglück herausgeführt,
dass er sie umbrächte im Gebirge
und vertilgte sie von dem Erdboden?

Kehre dich ab von deinem glühenden Zorn
und lass dich des Unheils gereuen,
das du über dein Volk bringen willst.
Gedenke an deine Knechte Abraham, Isaak und Israel,
denen du bei dir selbst geschworen und verheißen hast:
Ich will eure Nachkommen mehren
wie die Sterne am Himmel,
und dies ganze Land, das ich verheißen habe,
will ich euren Nachkommen geben,
und sie sollen es besitzen für ewig.
Da gereute den Herrn das Unheil,
das er seinem Volk angedroht hatte.

IMPULS: Was für eine Erzählung. Höhepunkt des großen Erzählzyklus rund um Mose und das Volk Israel. Das von Beginn an nicht ohne Spannungen und Widersprüche auskommt. Als Mose für 40 Tage und 40 Nächte auf dem heiligen Berg bleibt, fühlt sich das Volk allein- und zurückgelassen. Vielleicht kommen Stimmen auf, die behaupten, Mose würde gar nicht mehr wiederkommen. Dem Volk scheint einer zu fehlen, der den Weg weist. Sie suchen einen Anführer, den sie sehen und sogar berühren können. Und so bedrängen die Leute Aaron mit ihrem Wunsch nach einem sichtbaren, realen Gott. Ausgerechnet Moses Bruder wird darum gebeten. Und der fügt sich am Ende und stellt das Goldene Kalb her.

Gott sieht, was im Lager seines Volkes geschieht. Und er spricht Mose darauf an: „Sie haben ein gegossenes Kalb gemacht und haben's angebetet und ihm geopfert und gesagt: Dies sind deine Götter, Israel, die dich aus Ägyptenland geführt haben." Ist das nicht der schlimmste Verrat, den es geben kann? Eine irdische Tierstatue als Gottesbild herzustellen und anzubeten? Und noch dazu zu sagen, es habe das Volk aus Ägypten befreit? Dass Gott darauf ungehalten, ja zornig reagiert, kann man verstehen. Aber dass Gott sein Volk darum vernichten will, bleibt unverständlich. Zumindest Mose redet auf Gott ein und versucht, ihn umzustimmen. Er solle doch an Abraham, Isaak und Jakob denken, denen er schließlich zahlreiche Nachkommen versprochen habe. Am Ende überzeugt er Gott, der wieder einen Neuanfang mit dem halsstarrigen Volk Israel wagt.

Am Ende ist die Erzählung eine Ermutigung für das Gebet. Wer betet, kann Gott bewegen und ihn sogar umstimmen. Wie Mose, der gegen Gottes Zorn anbetet und am Ende Recht bekommt. Nun ist die Rede von Gottes Zorn allerdings eine sehr menschliche Weise, über Gott zu sprechen. Darüber hinaus erscheint es merkwürdig, dass Mose hier ganz abgeklärt erscheint und wenige Verse später wütend ist über die Taten des Volkes und seines Bruders Aaron. Vielleicht sollten wir einen neuen Blick wagen: Kann es sein, dass Mose seinen eigenen Zorn auf Gott überträgt und sich während seines Gebetes vor Gott verändert? Auch dann ist diese Erzählung eine Ermutigung, mehr zu beten.

Christi Himmelfahrt

Lesung: Apostelgeschichte 1,3-11

Jesus zeigte sich den Aposteln nach seinem Leiden
durch viele Beweise als der Lebendige
und ließ sich sehen unter ihnen vierzig Tage lang
und redete mit ihnen vom Reich Gottes.
Und als er mit ihnen beim Mahl war,
befahl er ihnen, Jerusalem nicht zu verlassen,
sondern zu warten auf die Verheißung des Vaters,
die ihr – so sprach er – von mir gehört habt;
denn Johannes hat mit Wasser getauft,
ihr aber sollt mit dem Heiligen Geist getauft werden
nicht lange nach diesen Tagen.
Die nun zusammengekommen waren,
fragten ihn und sprachen:
Herr, wirst du in dieser Zeit
wieder aufrichten das Reich für Israel?
Er sprach aber zu ihnen:
Es gebührt euch nicht, Zeit oder Stunde zu wissen,
die der Vater in seiner Macht bestimmt hat;
aber ihr werdet die Kraft des Heiligen Geistes empfangen,
der auf euch kommen wird,
und werdet meine Zeugen sein
in Jerusalem und in ganz Judäa und Samarien
und bis an das Ende der Erde.

Und als er das gesagt hatte,
wurde er vor ihren Augen emporgehoben,
und eine Wolke nahm ihn auf, weg vor ihren Augen.
Und als sie ihm nachsahen, wie er gen Himmel fuhr,
siehe, da standen bei ihnen
zwei Männer in weißen Gewändern.
Die sagten: Ihr Männer von Galiläa,
was steht ihr da und seht gen Himmel?
Dieser Jesus,
der von euch weg gen Himmel aufgenommen wurde,
wird so wiederkommen,
wie ihr ihn habt gen Himmel fahren sehen.

IMPULS: Himmelfahrt ist kein einfacher Tag. Wie dieser Tag ausgestaltet wird, ist hochgradig umstritten. Für die einen geht es gar nicht anders, als das Fest mit einem Gottesdienst unter freiem Himmel zu begehen. Andere feiern „Vater-/Männertag" und ziehen mit Handwagen, Musik und vielen geistigen Getränken durch die Gegend. Auf jeden Fall ist Himmelfahrt ein erklärungsbedürftiger Tag. Selbst den Jüngerinnen und Jüngern muss er erläutert werden. Auch wenn sie miterleben, wie Jesus in den Himmel emporgehoben wird, verstehen sie nicht von selbst, was das bedeutet.

Lukas, der Schreiber der Apostelgeschichte, beschreibt deshalb zwei Männer in weißen Kleidern, die sie fragen, warum sie mitten in Jerusalem herumstehen und gen Himmel blicken. Jesus „wird so wiederkommen, wie ihr ihn habt gen Himmel fahren sehen." Himmelfahrt, so machen es die beiden Engelsgestalten deutlich, ist ein Fest der Freude und nicht der Trauer. Hier wird nicht in erster Linie der Verlust der Gegenwart Jesu beklagt, sondern seine Gegenwart gefeiert. Diese ist von ganz anderer Qualität als zu seinen Lebzeiten. Sie hat mit dem Heiligen Geist zu tun, der die Nachfolgerinnen und Nachfolger Jesu zu seinen Zeugen macht, die in Jerusalem, Judäa und bis ans Ende der Welt die Botschaft Jesu verbreiten werden.

Himmelfahrt erscheint in den Worten Jesu wie eine Voraussetzung für das Kommen des Heiligen Geistes an Pfingsten, wo die Jünger Jesu erstaunlich selbstbewusst auftreten. Statt sich ängstlich zurückzuziehen, treten sie vor die Tür, um vor den Pilgerinnen und Pilgern die Botschaft Jesu zu verkündigen. Und zwar auf eine so begeisternde Weise, dass die Pilger sie verstehen, als sprächen sie in ihrer jeweiligen Muttersprache.

Gut, dass auch heute der Himmelfahrtstag diese Fröhlichkeit vermittelt. Wenn Gottesdienste im Freien gefeiert werden und Gemeinden über die Bedeutung des Himmels nachdenken. Auch wenn manches an diesem Tag erklärungsbedürftig bleibt, weil das antike Weltbild des Lukas nicht so recht mit dem modernen Weltbild zusammenpasst: Der Himmel ist auch heute ein Sehnsuchtsort. Und es ist gut, dass wir uns an ihn am Himmelfahrtstag erinnern.

6. Sonntag nach Ostern: Exaudi

Lesung: Johannes 16,5-15

Jesus sprach zu seinen Jüngern:

Jetzt gehe ich hin zu dem, der mich gesandt hat;

und niemand von euch fragt mich: Wo gehst du hin?

Doch weil ich dies zu euch geredet habe,

ist euer Herz voll Trauer.

Aber ich sage euch die Wahrheit:

Es ist gut für euch, dass ich weggehe.

Denn wenn ich nicht weggehe,

kommt der Tröster nicht zu euch.

Wenn ich aber gehe, werde ich ihn zu euch senden.

Und wenn er kommt,

wird er der Welt die Augen auftun über die Sünde

und über die Gerechtigkeit und über das Gericht;

über die Sünde: dass sie nicht an mich glauben;

über die Gerechtigkeit: dass ich zum Vater gehe

und ihr mich hinfort nicht seht;

über das Gericht: dass der Fürst dieser Welt gerichtet ist.

Ich habe euch noch viel zu sagen;

aber ihr könnt es jetzt nicht ertragen.

Wenn aber jener kommt, der Geist der Wahrheit,

wird er euch in aller Wahrheit leiten.

Denn er wird nicht aus sich selber reden;
sondern was er hören wird, das wird er reden,
und was zukünftig ist, wird er euch verkündigen.
Er wird mich verherrlichen;
denn von dem Meinen wird er's nehmen
und euch verkündigen.
Alles, was der Vater hat, das ist mein.
Darum habe ich gesagt:
Er nimmt es von dem Meinen
und wird es euch verkündigen.

IMPULS: Am Sonntag zwischen Christi Himmelfahrt und Pfingsten bereitet Jesus – zeitlich etwas überraschend – seine Jüngerinnen und Jünger auf seinen Abschied vor. Von der Kirchenjahreszeit her passt das nicht ganz, da Jesus inzwischen als himmlischer Christus geglaubt wird. Wenige Tage nach Christi Himmelfahrt und eine Woche vor Pfingsten kommt es zu einer chronologischen Verwirrung. Hier zeigt sich, dass das Kirchenjahr historisch entstanden ist. Und dass chronologische Brüche kein inhaltliches Problem darstellen. Der Abschnitt aus den Abschiedsreden passt stimmig zum Sonntag vor Pfingsten. Jesu Spitzensatz lautet: „Es ist gut für euch, dass ich weggehe." Denn erst nach seinem Weggang, führt er aus, kann der Heilige Geist kommen. Solange Jesus noch da ist, sind die Seinen auf ihn fixiert und darum kaum offen für den Heiligen Geist.

Der göttliche Geist unterscheidet sich deutlich von Jesus, der wie ein Mensch unter uns lebt. Der Geist ist hochgradig fluide und kaum zu greifen. Er weht, wo er will und zieht schnell weiter, sobald wir ihn versuchen zu fassen. Jesus nennt ihn in seinen Abschiedsreden den „Tröster". Mit dieser Bezeichnung bezieht sich Jesus auf das Gefühl zwischen Himmelfahrt und Pfingsten. Seine Jüngerinnen und Jünger brauchen in dieser Zeit besonderen Trost, weil sie Jesus loslassen müssen. Jesus spricht zugleich vom „Geist der Wahrheit", der in seinem Namen die Jüngerinnen und Jünger zur Wahrheit führt und damit der von Gott geschenkten Zukunft nahebringt.

Für uns Heutige stellt sich die Frage, welche Rolle der Heilige Geist in unserem Leben spielt. Ist er für uns der Tröster oder eher der Geist der Wahrheit? Oder kann er beides für uns sein? Tröster in der Bedrängnis und in den dunklen Zeiten des Lebens. Und ansonsten Wahrheitsgeist, der unsere Augen öffnet. Der uns einen neuen Blick schenkt und erkennen lässt, was uns bisher verborgen war. Der uns etwas von seiner Freiheit abgibt, neu zu sehen und uns befähigt, das Wichtige zu erkennen und es vom Unwichtigen zu unterscheiden.

Tag der Ausgießung des Heiligen Geistes: Pfingsten

Lesung: Hesekiel 37,1-14

Des Herrn Hand kam über mich,
und er führte mich hinaus im Geist des Herrn
und stellte mich mitten auf ein weites Feld;
das lag voller Totengebeine.
Und er führte mich überall hindurch.
Und siehe, es lagen sehr viele Gebeine über das Feld hin,
und siehe, sie waren ganz verdorrt.
Und er sprach zu mir: Du Menschenkind,
meinst du wohl, dass diese Gebeine
wieder lebendig werden?
Und ich sprach: Herr, mein Gott, du weißt es.
Und er sprach zu mir: Weissage über diese Gebeine
und sprich zu ihnen:
Ihr verdorrten Gebeine, höret des Herrn Wort!
So spricht Gott der Herr zu diesen Gebeinen:
Siehe, ich will Odem in euch bringen,
dass ihr wieder lebendig werdet.
Ich will euch Sehnen geben
und lasse Fleisch über euch wachsen
und überziehe euch mit Haut
und will euch Odem geben,
dass ihr wieder lebendig werdet;
und ihr sollt erfahren, dass ich der Herr bin.

Und ich weissagte, wie mir befohlen war.
Und siehe, da rauschte es, als ich weissagte,
und siehe, es regte sich
und die Gebeine rückten zusammen, Gebein zu Gebein.
Und ich sah,
und siehe, es wuchsen Sehnen und Fleisch darauf
und sie wurden mit Haut überzogen;
es war aber noch kein Odem in ihnen.
Und er sprach zu mir: Weissage zum Odem;
weissage, du Menschenkind, und sprich zum Odem:
So spricht Gott der Herr:
Odem, komm herzu von den vier Winden
und blase diese Getöteten an,
dass sie wieder lebendig werden!
Und ich weissagte, wie er mir befohlen hatte.
Da kam der Odem in sie,
und sie wurden wieder lebendig
und stellten sich auf ihre Füße, ein überaus großes Heer.
Und er sprach zu mir: Du Menschenkind,
diese Gebeine sind das ganze Haus Israel.
Siehe, jetzt sprechen sie: Unsere Gebeine sind verdorrt,
und unsere Hoffnung ist verloren, und es ist aus mit uns.

Darum weissage und sprich zu ihnen:
So spricht Gott der Herr:
Siehe, ich will eure Gräber auftun
und hole euch, mein Volk, aus euren Gräbern herauf
und bringe euch ins Land Israels.
Und ihr sollt erfahren, dass ich der Herr bin,
wenn ich eure Gräber öffne
und euch, mein Volk, aus euren Gräbern heraufhole.
Und ich will meinen Odem in euch geben,
dass ihr wieder leben sollt,
und will euch in euer Land setzen,
und ihr sollt erfahren, dass ich der Herr bin.
Ich rede es und tue es auch, spricht der Herr.

IMPULS: Das Pfingstfest gehört zu den traditionsreichen Festen der Christenheit. Sein Datum ist mit dem Osterfestkreis verknüpft. Es bildet 50 Tage nach Ostern dessen Abschluss. Daher rührt auch der eigentümliche Name, der vom griechischen pentekosté (fünfzig) abstammt. Inhaltlich geht es an Pfingsten um den Heiligen Geist. Er ist geheimnisvoll und kaum greifbar. Er weht, wo er will. An Pfingsten puscht er den bis dahin ängstlichen Jüngerkreis Jesu geradezu auf. Hatten sie sich nach der Kreuzigung Jesu zurückgezogen, ändert sich das mit einem Mal. Der Heilige Geist macht die Freunde Jesu bereit, öffentlich über ihn zu sprechen. Es wirkt, als ob der Heilige Geist sie wieder zurück ins Leben holt.

Der Heilige Geist ist Lebenskraft pur. Darum passt der Abschnitt aus dem 37. Kapitel des Propheten Hesekiel so gut zum Pfingstfest. Hesekiel berichtet, wie der Geist Gottes ihn auf ein weites Feld führt, auf dem zahlreiche Skelette herumliegen. Ein erschreckendes Bild, das aber zum Hoffnungsbild wird. Denn der Heilige Geist verheißt den toten Knochen neues Leben: „Siehe, ich will Odem in euch bringen, dass ihr wieder lebendig werdet." Hesekiel prophezeit, dass Gott die Skelette wieder zusammenfügt, Sehnen und Muskeln wachsen lässt und alles mit Haut überzieht. Und dann geschieht, was Hesekiel gesagt hat. Aber noch bleiben die Körper leblos. Ihnen fehlt das Entscheidende. Der Odem, also der Atem. Ohne den sind die Körper nicht lebensfähig. Ihn braucht es, wie bei der Schöpfung, wo Gott dem liebevoll gestalteten Körper des ersten Menschen den Odem des Lebens in die Nase bläst (1. Buch Mose 2,7) und ihn so erst zu einem lebendigen Wesen macht. Am Ende versteht Hesekiel, dass die toten Gebeine ein Gleichnis sind. Das zerstreut lebende Volk Gottes klagt Gott, es sei wie totes Gebein ohne jede Hoffnung. Ohne Perspektive sei es eigentlich schon jetzt wie tot. Die Vision Hesekiels zeigt, dass das Gottesvolk den Heiligen Geist braucht, um wieder zurückzufinden ins volle Leben. Und den verheißt Gott seinem Volk – genau wie uns heute, damit auch wir wieder mit neuer Lebenskraft erfüllt werden.

Pfingstmontag

Lesung: Epheserbrief 4,[1-6]11-15[16]

[Ich ermahne euch, ich, der Gefangene in dem Herrn,
dass ihr der Berufung würdig lebt,
mit der ihr berufen seid,
in aller Demut und Sanftmut, in Geduld.
Ertragt einer den andern in Liebe
und seid darauf bedacht, zu wahren die Einigkeit im Geist
durch das Band des Friedens:
ein Leib und ein Geist,
wie ihr auch berufen seid zu einer Hoffnung
eurer Berufung;
ein Herr, ein Glaube, eine Taufe;
ein Gott und Vater aller,
der da ist über allen und durch alle und in allen.]
Gott selbst gab den Heiligen die einen als Apostel,
andere als Propheten, andere als Evangelisten,
andere als Hirten und Lehrer,
damit die Heiligen zugerüstet werden
zum Werk des Dienstes.
Dadurch soll der Leib Christi erbaut werden,
bis wir alle hingelangen zur Einheit des Glaubens
und der Erkenntnis des Sohnes Gottes,
zum vollendeten Menschen,
zum vollen Maß der Fülle Christi,
damit wir nicht mehr unmündig seien
und uns von jedem Wind einer Lehre bewegen
und umhertreiben lassen
durch das trügerische Würfeln der Menschen,
mit dem sie uns arglistig verführen.

Lasst uns aber wahrhaftig sein in der Liebe
und wachsen in allen Stücken
zu dem hin, der das Haupt ist, Christus.
[Von ihm aus gestaltet der ganze Leib sein Wachstum,
sodass er sich selbst aufbaut in der Liebe –
der Leib, der zusammengefügt und gefestigt ist
durch jede Verbindung,
die mit der Kraft nährt, die jedem Glied zugemessen ist.]

IMPULS: Auch am Pfingstmontag ist die Gabe des Heiligen Geistes im Blick. Aber es geht nicht mehr ganz so lebendig und frei zu wie am Pfingstsonntag. Hier werden bereits die Ämter der noch jungen Kirche erwähnt: die Apostel, die Propheten, Evangelisten, Hirten und Lehrer. Wichtig ist, dass sie – wie der Heilige Geist – im Epheserbrief als Gaben Gottes gesehen werden. Es geht hier nicht um eine hierarchische Ämterkirche, sondern um das gegenseitige Dienen und um den Aufbau des Leibes Christi. So kann die Kirche ihrem Auftrag entsprechen.

Leider wird der Gabe-Charakter der Ämter in der Kirche immer wieder vergessen. Auch in der Kirche gibt es Macht, die nicht immer zum Wohle aller eingesetzt wird. Immer wieder kommt es zu Machtmissbrauch. Besonders erschreckend und verwerflich ist das natürlich bei (sexuellen) Übergriffen gegenüber Schutzbefohlenen. Es ist bedrückend heute zu hören, wie die Kirchen über Jahrzehnte hinweg in solchen Fällen geschwiegen haben, statt das übergroße Unrecht an den Wurzeln zu bekämpfen. Dass nach der Veröffentlichung dieser tausenden Fälle von Gewalt an Schutzbefohlenen die meisten geschockt sind, ist verständlich. Man erwartet von der Kirche, dass sie anders ist. Dass sie sich für Schwache einsetzt. Und Kleinen hilft, zu wachsen und groß zu werden.

Aber kann eine Institution wie die Kirche sich grundsätzlich von staatlichen oder kulturellen Institutionen unterscheiden? Die Kirche wird schließlich genauso von Menschen geprägt und geleitet. Martin Luther hat stets unterschieden zwischen der von Gott verheißenen Kirche und ihrer menschlichen Gestalt, in der Fehler gemacht und sogar Sünden begangen werden.

Wenn wir ernstnehmen, dass die Kirche uns auf der einen Seite von Gott geschenkt ist und auf der anderen Seite fehleranfällig bleibt, fordert uns das heraus. Wir müssen kirchliche Strukturen schaffen, die menschliches Versagen gerade im Bereich von Schutzbefohlenen so weit wie möglich verhindern. Und wo Fehler ans Licht kommen, müssen sie zunächst ernstgenommen und anschließend möglichst effektiv aufgeklärt und abgestellt werden. Am Ende braucht es deutliche Konsequenzen. Wer sein Amt nicht in der Würde des Geistes ausfüllt, kann dieses auch wieder entzogen bekommen.

Tag der Heiligen Dreifaltigkeit: Trinitatis

Lesung: Epheserbrief 1,3-14

Gelobt sei Gott, der Vater unseres Herrn Jesus Christus,
der uns gesegnet hat
mit allem geistlichen Segen im Himmel
durch Christus.
Denn in ihm hat er uns erwählt,
ehe der Welt Grund gelegt war,
dass wir heilig und untadelig vor ihm sein sollten in der Liebe;
er hat uns dazu vorherbestimmt, seine Kinder zu sein
durch Jesus Christus
nach dem Wohlgefallen seines Willens,
zum Lob seiner herrlichen Gnade,
mit der er uns begnadet hat in dem Geliebten.
In ihm haben wir die Erlösung durch sein Blut,
die Vergebung der Sünden,
nach dem Reichtum seiner Gnade,
die er uns reichlich hat widerfahren lassen
in aller Weisheit und Klugheit.
Gott hat uns wissen lassen das Geheimnis seines Willens
nach seinem Ratschluss,
den er zuvor in Christus gefasst hatte,
um die Fülle der Zeiten heraufzuführen,
auf dass alles zusammengefasst würde in Christus,
was im Himmel und auf Erden ist, durch ihn.

In ihm sind wir auch zu Erben eingesetzt worden,
die wir dazu vorherbestimmt sind
nach dem Vorsatz dessen, der alles wirkt,
nach dem Ratschluss seines Willens,
damit wir zum Lob seiner Herrlichkeit leben,
die wir zuvor auf Christus gehofft haben.
In ihm seid auch ihr,
die ihr das Wort der Wahrheit gehört habt,
nämlich das Evangelium von eurer Rettung –
in ihm seid auch ihr, als ihr gläubig wurdet,
versiegelt worden mit dem Heiligen Geist,
der verheißen ist,
welcher ist das Unterpfand unsres Erbes,
zu unsrer Erlösung,
dass wir sein Eigentum würden
zum Lob seiner Herrlichkeit.

IMPULS: Im Zentrum des Trinitatistages steht Gott, der größer ist als das, was wir Menschen von uns aus über ihn denken können. In der christlichen Tradition macht sich diese Seite Gottes an der Lehre von der Dreifaltigkeit fest, in der die Zahlen eins und drei auf geheimnisvolle Weise miteinander verknüpft sind. Gott ist einer, aber er zeigt sich auf drei verschiedene Weisen: als Gottvater und Schöpfer der Welt, als Sohn, der Mensch wurde und unter den Bedingungen dieser Welt lebte, und als Heiliger Geist, in dem Gott uns Menschen näher ist als wir uns selbst. Die Dreifaltigkeit zeigt, dass Gott für uns immer ein Stück unbegreiflich bleibt.

Zu Beginn des Epheserbriefes wird der dreieinige Gott überschwänglich gelobt. Er hat uns durch Christus gesegnet „mit allem geistlichen Segen vom Himmel". Das Besondere dieses himmlischen Segens ist, dass er ganz verschiedene Aspekte besitzt. Man könnte fast sagen, dass jede der drei Seiten Gottes uns auf seine Weise segnet. Gottvater hat uns erwählt und zwar zu einer Zeit, als wir noch nicht geboren waren. Er hat uns also den Segen vorab zugesprochen, der sich während unseres Lebens entfaltet. Er hat uns auch im Vorhinein zu seinen Kindern erklärt.

Durch Christus empfangen wir den Segen der Erlösung und Vergebung. Sein Kreuz, an dem er starb, durchkreuzt alles, was in dieser Welt zwangsläufig erscheint. So folgt auf Schuld seither nicht mehr selbstverständlich Strafe. Stattdessen ist uns Gott gnädig. Jesus Christus steht für die Gnade. Also für die Liebe, mit der Gott uns trotz allem liebt, auch wenn wir hin und wieder Falsches tun. Durch ihn sind wir nicht bloß zu Kindern, sondern zu Erben Gottes eingesetzt. Wir gehören mit Christus zusammen dauerhaft zur Gottesfamilie.

Am Ende sind wir mit dem Heiligen Geist versiegelt. Er hilft uns immer wieder, an Gott zu glauben und in diesem Glauben zu bleiben, selbst wenn wir voller Fragen und Zweifel sind. Nur durch diesen Glauben leben wir dem Segen gemäß, mit dem uns der dreieinige Gott vor unserer Geburt, während unseres Lebens und dann auch in der Ewigkeit segnet.

1. Sonntag nach Trinitatis

Lesung: Jeremia 23,16-29

So spricht der Herr Zebaoth:
Hört nicht auf die Worte der Propheten,
die euch weissagen!
Sie betrügen euch,
sie verkünden euch Gesichte aus ihrem Herzen
und nicht aus dem Mund des Herrn.
Sie sagen denen, die des Herrn Wort verachten:
Es wird euch wohlgehen –,
und allen, die im Starrsinn ihres Herzens wandeln,
sagen sie:
Es wird kein Unheil über euch kommen.
Aber wer hat im Rat des Herrn gestanden,
dass er sein Wort gesehen und gehört hätte?
Wer hat sein Wort vernommen und gehört?
Siehe, es wird ein Wetter des Herrn kommen voll Grimm
und ein schreckliches Ungewitter
auf den Kopf der Gottlosen niedergehen.
Und des Herrn Zorn wird nicht ablassen,
bis er tue und ausrichte, was er im Sinn hat;
zur letzten Zeit werdet ihr es klar erkennen.
Ich sandte die Propheten nicht, und doch laufen sie;
ich redete nicht zu ihnen, und doch weissagen sie.
Denn wenn sie in meinem Rat gestanden hätten,
so hätten sie meine Worte meinem Volk gepredigt,
um es von seinem bösen Wandel
und von seinem bösen Tun zu bekehren.
Bin ich nur ein Gott, der nahe ist, spricht der Herr,
und nicht auch ein Gott, der ferne ist?
Meinst du, dass sich jemand so heimlich verbergen könne,
dass ich ihn nicht sehe?, spricht der Herr.

Bin ich es nicht, der Himmel und Erde erfüllt?,
spricht der Herr.
Ich höre es wohl, was die Propheten reden,
die Lüge weissagen in meinem Namen
und sprechen: Mir hat geträumt, mir hat geträumt.
Wann wollen doch die Propheten aufhören,
die Lüge weissagen und ihres Herzens Trug weissagen
und wollen, dass mein Volk meinen Namen vergesse
über ihren Träumen, die einer dem andern erzählt,
so wie ihre Väter meinen Namen vergaßen über dem Baal?
Ein Prophet, der Träume hat, der erzähle Träume;
wer aber mein Wort hat, der predige mein Wort recht.
Wie reimen sich Stroh und Weizen zusammen?,
spricht der Herr.
Ist mein Wort nicht wie ein Feuer, spricht der Herr,
und wie ein Hammer, der Felsen zerschmeißt?

IMPULS: „Bin ich nur ein Gott, der nahe ist, spricht der Herr, und nicht auch ein Gott, der ferne ist?" Mit diesem Satz ist der Ton gesetzt, der das ganze 23. Kapitel des Propheten Jeremia durchzieht. Gott ist nicht dauernd nahe und auch nicht ständig gnädig. Er ist kein Gott, der sein Volk vor jeder Gefahr beschützt. Er kann auch abseits sein und unendlich fernbleiben. Zur Zeit des Propheten Jeremia gibt es offenbar eine solche Zeit der Gottesferne. Sie wird als besonders bedrückend erlebt. So belastend, dass die Propheten beginnen, ihre eigenen Visionen zu verkündigen. Sie predigen, dass Gott Jerusalem und das umliegende Südreich gegen die Übermacht der Feinde beschützen wird. Und sie haben mit ihren Worten Erfolg. Denn genau diese leichte Kost wollen die Leute von ihnen hören. Die Worte der Propheten tun den Menschen in Jerusalem in dieser Zeit gut, in der sie Angst haben vor den Soldaten der Großmächte. Doch die Worte der Propheten sind falsch. Sie laufen, obwohl Gott sie nicht gesandt hat. Sie verkündigen Gottes Gnade, obwohl er nicht zu den Propheten redet. Die kritischen Worte Jeremias stammen dagegen von Gott. Doch, was er zu sagen hat, wollen die meisten nicht hören.

Immer nur davon sprechen, dass Gott nahe ist und rechtzeitig hilft, ist nicht im Sinne Gottes. Das ist falsch und stimmt auch mit dem Empfinden der Leute kaum überein. Gott ist nicht dauernd zu spüren. Es gibt immer wieder Zeiten der Gottesferne, wo wir Gott nicht verstehen. Dann fragen wir uns, warum er Krieg und Gewalt zulässt. In solchen Zeiten helfen auch keine theologischen Richtigkeiten. Die eigentlich richtige Aussage, dass Gott selbst dann da ist, wenn er fern scheint, hilft den Menschen kaum. Es ist genauso richtig, dass Gott uns Menschen fernbleibt und das Leben sich wie ein Wüstenweg hinzieht. Gott ist lebendig und dynamisch. Darum erscheint er uns mal fern und dann ist er wieder nah. So nah, dass er uns dann sogar unter die Haut geht.

2. Sonntag nach Trinitatis

Lesung: Epheserbrief 2,[11-16]17-22

[Denkt daran, dass ihr,
die ihr einst nach dem Fleisch Heiden wart
und „Unbeschnittenheit" genannt wurdet
von denen, die genannt sind „Beschneidung",
die am Fleisch mit der Hand geschieht,
dass ihr zu jener Zeit ohne Christus wart,
ausgeschlossen vom Bürgerrecht Israels
und den Bundesschlüssen der Verheißung fremd;
daher hattet ihr keine Hoffnung
und wart ohne Gott in der Welt.
Jetzt aber in Christus Jesus seid ihr, die ihr einst fern wart,
nahe geworden durch das Blut Christi.
Denn er ist unser Friede, der aus beiden eins gemacht hat
und hat den Zaun abgebrochen, der dazwischen war,
indem er durch sein Fleisch die Feindschaft wegnahm.
Er hat das Gesetz, das in Gebote gefasst war, abgetan,
damit er in sich selber
aus den zweien einen neuen Menschen schaffe
und Frieden mache
und die beiden versöhne mit Gott in einem Leib
durch das Kreuz,
indem er die Feindschaft tötete durch sich selbst.]
Christus ist gekommen
und hat im Evangelium
Frieden verkündigt euch, die ihr fern wart,
und Frieden denen, die nahe waren.

Denn durch ihn haben wir alle beide
in einem Geist den Zugang zum Vater.
So seid ihr nun nicht mehr Gäste und Fremdlinge,
sondern Mitbürger der Heiligen
und Gottes Hausgenossen,
erbaut auf den Grund der Apostel und Propheten,
da Jesus Christus der Eckstein ist,
auf welchem der ganze Bau ineinandergefügt wächst
zu einem heiligen Tempel in dem Herrn.
Durch ihn werdet auch ihr mit erbaut
zu einer Wohnung Gottes im Geist.

IMPULS: Gott lädt alle ein, zu ihm zu kommen. Ob arm oder reich, fern oder nah, alle sind bei ihm willkommen. Für alle ist Platz in seinem Reich, für die, die aus einer frommen Familie stammen oder aus einer säkularen. Gott will für alle da sein. Was heute fast selbstverständlich klingt, war in der Alten Kirche noch eine Sensation. Als noch streng zwischen jüdischen und nichtjüdischen Familien unterschieden wurde und als die christlichen Gemeinden selbstverständlich Teil des Judentums waren. Die frühe Christenheit entwickelte sich erst allmählich zur eigenständigen Religion. Zunächst erwarteten nicht wenige, dass sich Christen selbstverständlich beschneiden ließen und die jüdischen Speisevorschriften einhielten. Wer das nicht tat, schloss sich selbst aus dem geistlichen Bürgerrecht Israels aus. Die Gegenüberstellung der Unbeschnittenen zu den Beschnittenen im zweiten Kapitel des Epheserbriefes spielt auf diese Frage an, die uns heute eher nebensächlich erscheint. Damals aber von hoher Bedeutung war.

Der Schreiber des Epheserbriefes knüpft an diese Frage an, beantwortet sie aber zugleich: Alle, die Christus als ihren Herrn anerkennen, gehören dazu. Als die Brüder und Schwestern Christi haben alle Menschen in Gottes Haus ihren Platz. Auch die ehemaligen Heiden sind keine Fremden mehr oder nur Gäste, die nach dem Fest wieder nachhause gehen. Alle, die mit vollem Herzen zu Gott kommen, werden zu Mitbürgern der Heiligen. Der Schreiber des Epheserbriefes nennt sie sogar Gottes Hausgenossen.

Es ist ein tolles Bild der Kirche, das hier gemalt wird. Sie ist kein festgefügtes Haus oder ein räumlich begrenzter Tempel, sondern ein wachsendes Gebäude. Wichtig ist, dass das Fundament festgefügt ist. Mit Christus als dem zentralen Eckstein, an dem sich alles Weitere orientiert. Danach bilden die Apostel und Propheten die Grundlage der Kirche. Darauf baut Gott seine Kirche mit jeder Generation weiter. Alle, die sich zu Christus halten, sind Teil dieser Kirche, die von unten nach oben wächst und niemanden ausschließt. Alle gehören dazu, auch die, die schon längst gestorben sind. Sie wächst mit jeder Generation weiter. Sie ist und bleibt offen für alle, die Gottes Einladung folgen.

3. Sonntag nach Trinitatis

Lesung: Lukas 15,1-3.11-32

Es nahten sich Jesus alle Zöllner und Sünder,
um ihn zu hören.
Und die Pharisäer und die Schriftgelehrten murrten
und sprachen:
Dieser nimmt die Sünder an und isst mit ihnen.
Er sagte aber zu ihnen dies Gleichnis und sprach:
Ein Mensch hatte zwei Söhne.
Und der jüngere von ihnen sprach zu dem Vater:
Gib mir, Vater, das Erbteil, das mir zusteht.
Und er teilte Hab und Gut unter sie.
Und nicht lange danach
sammelte der jüngere Sohn alles zusammen
und zog in ein fernes Land;
und dort brachte er sein Erbteil durch mit Prassen.
Als er aber alles verbraucht hatte,
kam eine große Hungersnot über jenes Land
und er fing an zu darben und ging hin
und hängte sich an einen Bürger jenes Landes;
der schickte ihn auf seinen Acker, die Säue zu hüten.
Und er begehrte, seinen Bauch zu füllen
mit den Schoten, die die Säue fraßen;
und niemand gab sie ihm.
Da ging er in sich und sprach:
Wie viele Tagelöhner hat mein Vater,
die Brot in Fülle haben,
und ich verderbe hier im Hunger!
Ich will mich aufmachen und zu meinem Vater gehen
und zu ihm sagen:

Vater, ich habe gesündigt gegen den Himmel und vor dir.
Ich bin hinfort nicht mehr wert, dass ich dein Sohn heiße;
mache mich einem deiner Tagelöhner gleich!
Und er machte sich auf und kam zu seinem Vater.
Als er aber noch weit entfernt war,
sah ihn sein Vater und es jammerte ihn,
und er lief und fiel ihm um den Hals und küsste ihn.
Der Sohn aber sprach zu ihm:
Vater, ich habe gesündigt gegen den Himmel und vor dir;
ich bin hinfort nicht mehr wert,
dass ich dein Sohn heiße.
Aber der Vater sprach zu seinen Knechten:
Bringt schnell das beste Gewand her und zieht es ihm an
und gebt ihm einen Ring an seine Hand
und Schuhe an seine Füße
und bringt das gemästete Kalb und schlachtet's;
lasst uns essen und fröhlich sein!
Denn dieser mein Sohn war tot
und ist wieder lebendig geworden;
er war verloren und ist gefunden worden.
Und sie fingen an, fröhlich zu sein.
Aber der ältere Sohn war auf dem Feld.
Und als er nahe zum Hause kam,
hörte er Singen und Tanzen
und rief zu sich einen der Knechte und fragte,
was das wäre.
Der aber sagte ihm: Dein Bruder ist gekommen,
und dein Vater hat das gemästete Kalb geschlachtet,
weil er ihn gesund wiederhat.

Da wurde er zornig und wollte nicht hineingehen.
Da ging sein Vater heraus und bat ihn.
Er antwortete aber und sprach zu seinem Vater:
Siehe, so viele Jahre diene ich dir
und habe dein Gebot nie übertreten,
und du hast mir nie einen Bock gegeben,
dass ich mit meinen Freunden fröhlich wäre.
Nun aber, da dieser dein Sohn gekommen ist,
der dein Hab und Gut mit Huren verprasst hat,
hast du ihm das gemästete Kalb geschlachtet.
Er aber sprach zu ihm: Mein Sohn, du bist allezeit bei mir
und alles, was mein ist, das ist dein.
Du solltest aber fröhlich und guten Mutes sein;
denn dieser dein Bruder war tot
und ist wieder lebendig geworden,
er war verloren und ist wiedergefunden.

IMPULS: Das Gleichnis vom verlorenen Sohn gehört zu den bekanntesten Stücken der Bibel. Im Kern geht es um einen Sohn, der vom Vater sein Erbe fordert, es dann in der Fremde verprasst. Er gerät in Not und kehrt zurück. Dann eilt der Vater ihm entgegen und am Ende ist alles wieder gut. Uns ist klar, dass Jesus in diesem Gleichnis Gott und sein Reich vor Augen malt und es darin um unser Verhältnis zu Gott geht. Als ob Gott seine Hand uns gegenüber stets ausgestreckt hält und uns entgegenkommt, sobald wir uns auf ihn besinnen und seine Nähe suchen.

Der erste Teil des Gleichnisses wird nur angedeutet. Mit wenigen Worten wird erzählt, wie der jüngere der beiden Söhne seinen Vater um das Erbe bittet. Es fällt kein Wort über mögliche Hintergründe. Jedenfalls scheint er sich zuhause nicht wohlzufühlen und verlässt wenig später das Elternhaus. In der Ferne erfindet er sich neu. Er lebt dort nicht so bescheiden wie zuhause. Er bringt sein Erbteil durch mit Prassen. Ein Satz beschreibt, wie schnell das Erbe verbraucht ist. Als das Vermögen weg ist, ist die Not groß. Der verlorene Sohn muss nun alles tun, um irgendwie durchzukommen. Für nichts ist er sich zu schade. Nicht einmal, Säue zu hüten, eine erniedrigende Arbeit, die im Widerspruch steht zu seiner Religion und Tradition. Der Lohn reicht aber nicht aus, um satt zu werden. Darum beschließt er, nach Hause zu gehen. Dort haben es selbst die einfachen Arbeiter besser als er in der Fremde.

Auf dem Weg nach Hause fasst der Sohn den Entschluss, dort wie ein einfacher Tagelöhner zu arbeiten. Doch dann wird im zweiten Teil des Gleichnisses alles anders als erwartet: Der Vater hält schon lange Ausschau nach seinem Sohn. Und auf einmal sieht er ihn kommen. Er erkennt ihn sofort, auch wenn er zerrissen und zerlumpt zurückkehrt. Er läuft ihm entgegen und nimmt ihn in die Arme. Dann überhört er, was der Sohn sagt. Dass er gesündigt habe. Und dass er nicht mehr wert sei, sein Sohn zu sein. Stattdessen lässt er ihn waschen und festlich kleiden. Schließlich wird ihm noch ein Ring an die Hand gesteckt. Dann lässt der Vater das gemästete Kalb schlachten und lädt das ganze Haus zu einem ausgelassenen Fest ein.

Kaum hat das Fest begonnen, kommt der ältere Sohn nach Hause. Und als er erfährt, warum gefeiert wird, wird er wütend. Doch der Vater lässt den älteren Sohn im dritten Teil des Gleichnisses nicht draußen stehen. Er geht auch zu ihm und macht deutlich, dass er es bei ihm doch viel besser hatte als der Bruder, der hungern und leiden musste. Und er ermutigt ihn, auch fröhlich sein und mitzufeiern. „Denn dieser dein Bruder war tot und ist wieder lebendig geworden, er war verloren und ist wiedergefunden."

Wie der ältere Sohn auf die Rede des Vaters reagiert, wissen wir nicht. Es wäre verständlich, wenn der ältere Bruder vor dem Hause stehen bleibt und den Vater als ungerecht bezeichnet. Aber es kann auch ganz anders ausgehen. Dass sich der ältere Bruder vom Vater überzeugen lässt. Und er sich freut, dass der Bruder wieder da ist, der ihm gefehlt hat.

4. Sonntag nach Trinitatis

Lesung: 1. Buch Samuel 24,1-20

David zog hinauf
und blieb in den Bergfesten bei En-Gedi.
Als nun Saul zurückkam von der Verfolgung der Philister,
wurde ihm gesagt: Siehe,
David ist in der Wüste En-Gedi.
Und Saul nahm dreitausend auserlesene Männer aus ganz Israel
und zog hin, David samt seinen Männern zu suchen
bei den Steinbockfelsen.
Und als er kam zu den Schafhürden am Wege,
war dort eine Höhle,
und Saul ging hinein, um seine Füße zu decken.
David aber und seine Männer saßen hinten in der Höhle.
Da sprachen die Männer Davids zu ihm:
Siehe, das ist der Tag, von dem der Herr zu dir gesagt hat:
Siehe, ich will deinen Feind in deine Hand geben,
dass du mit ihm tust, was dir gefällt.
Und David stand auf
und schnitt leise einen Zipfel vom Rock Sauls.
Aber danach schlug ihm sein Herz,
dass er den Zipfel vom Rock Sauls abgeschnitten hatte,
und er sprach zu seinen Männern:
Das lasse der Herr ferne von mir sein,
dass ich das tun sollte
und meine Hand legen an meinen Herrn,
den Gesalbten des Herrn;
denn er ist der Gesalbte des Herrn.
Und David wies seine Männer mit diesen Worten von sich
und ließ sie sich nicht an Saul vergreifen.

Als aber Saul sich aufmachte aus der Höhle
und seines Weges ging,
machte sich danach auch David auf und ging aus der Höhle
und rief Saul nach und sprach: Mein Herr und König!
Saul sah sich um.
Und David neigte sein Antlitz zur Erde und fiel nieder.
Und David sprach zu Saul:
Warum hörst du auf das Reden der Menschen,
die da sagen: David sucht dein Unglück?
Siehe, heute haben deine Augen gesehen,
dass dich der Herr heute in meine Hand gegeben hat in der Höhle,
und man hat mir gesagt, dass ich dich töten sollte.
Aber ich habe dich verschont;
denn ich dachte:
Ich will meine Hand nicht an meinen Herrn legen;
denn er ist der Gesalbte des Herrn.
Mein Vater,
sieh doch hier den Zipfel deines Rocks in meiner Hand!
Dass ich den Zipfel von deinem Rock schnitt
und dich nicht tötete,
daran erkenne und sieh,
dass nichts Böses in meiner Hand ist und kein Vergehen.
Ich habe mich nicht an dir versündigt;
aber du jagst mir nach, um mir das Leben zu nehmen.
Der Herr wird Richter sein zwischen mir und dir
und mich an dir rächen,
aber meine Hand soll nicht gegen dich sein;
wie man sagt nach dem alten Sprichwort:
Von Frevlern kommt Frevel;
aber meine Hand soll nicht gegen dich sein.

Wem zieht der König von Israel nach?
Wem jagst du nach?
Einem toten Hund, einem einzelnen Floh!
Der Herr sei Richter und richte zwischen mir und dir
und sehe darein und führe meine Sache,
dass er mir Recht schaffe
und mich rette aus deiner Hand!
Als nun David diese Worte zu Saul geredet hatte,
sprach Saul: Ist das nicht deine Stimme, mein Sohn David?
Und Saul erhob seine Stimme und weinte
und sprach zu David: Du bist gerechter als ich,
du hast mir Gutes erwiesen;
ich aber habe dir Böses erwiesen.
Und du hast mir heute gezeigt,
wie du Gutes an mir getan hast,
als mich der Herr in deine Hand gegeben hatte
und du mich doch nicht getötet hast.
Wo ist jemand, der seinen Feind findet
und lässt ihn im Guten seinen Weg gehen?
Der Herr vergelte dir Gutes
für das, was du heute an mir getan hast!

IMPULS: Was für eine Gelegenheit tut sich hier auf! König Saul erscheint allein in der Höhle, wo sich David zusammen mit seinen Männern versteckt. Der König, der David verfolgt, ist unversehens in der Minderheit. Er steht allein gegen eine Horde von Kriegern. Dabei hat Saul gerade 3.000 Männer ausgewählt, um David und seine Männer zu suchen und gefangen zu nehmen. Das Ziel ist klar: Er will David ausschalten. Dazu setzt er alle Mittel ein, die ihm zur Verfügung stehen. Kann es Zufall sein, dass sich die Machtverhältnisse auf einmal umkehren? Und der Verfolger geradezu wehrlos in der Falle sitzt? So denken die Männer Davids. Und sie rufen David dazu auf, die Gelegenheit zu nutzen. Interessant ist, dass sie dabei religiös argumentieren: „Siehe, das ist der Tag, von dem der Herr zu dir gesagt hat: Siehe, ich will deinen Feind in deine Hand geben, dass du mit ihm tust, was dir gefällt." Doch wenn Gott als Rechtfertigung von Gewalt ins Spiel gebracht wird, ist Vorsicht geboten. Wer so argumentiert, missbraucht Gottes Namen. Gott will weder, dass David von Saul getötet wird noch Saul von David.

Aber es fällt David schwer, sich friedlich zu verhalten. Saul will ihm an den Kragen. David steht auf und nähert sich Saul vielleicht in feindlicher Absicht. Vermutlich schneidet er den Rockzipfel nicht ab, um ihn Saul später als Beweis für seine Großmut vorzuzeigen. Doch dann hält er inne. Er kann seine Hand nicht an Saul legen. Und auch nicht seinen Männern befehlen, das zu tun. Stattdessen erkennt David, was Gottes will. Gott ist barmherzig und will, dass auch wir Menschen miteinander barmherzig umgehen. Aber genau das fällt uns in der Regel schwer bei Menschen, die es nicht gut mit uns meinen, die uns übel mitspielen oder schlecht über uns reden. Was David in der Höhle in der Gegend von En-Gedi gelingt, ist deshalb bemerkenswert: Er sieht seinen Feind vor sich. Aber er sieht in ihm auf dem zweiten Blick ein Kind Gottes, den Gott sogar zum König gesalbt hat. Und so lässt er Saul einfach gehen, ohne sich an ihm zu vergreifen. Am Ende kommt es so zu einer Versöhnung zwischen König Saul und David.

5. Sonntag nach Trinitatis

Lesung: 2. Korintherbrief [11,18.23b-30]; 12,1-10

[Da viele sich rühmen nach dem Fleisch,
will ich mich auch rühmen.
Ich habe mehr gearbeitet,
ich bin öfter gefangen gewesen,
ich habe mehr Schläge erlitten,
ich bin oft in Todesnöten gewesen.
Von Juden habe ich fünfmal erhalten
vierzig Geißelhiebe weniger einen;
ich bin dreimal mit Stöcken geschlagen,
einmal gesteinigt worden;
dreimal habe ich Schiffbruch erlitten,
einen Tag und eine Nacht trieb ich auf dem tiefen Meer.
Ich bin oft gereist, ich bin in Gefahr gewesen durch Flüsse,
in Gefahr unter Räubern, in Gefahr von meinem Volk,
in Gefahr von Heiden,
in Gefahr in Städten, in Gefahr in Wüsten,
in Gefahr auf dem Meer,
in Gefahr unter falschen Brüdern;
in Mühe und Arbeit, in viel Wachen,
in Hunger und Durst, in viel Fasten, in Frost und Blöße;
und außer all dem noch das, was täglich auf mich einstürmt,
die Sorge für alle Gemeinden.
Wer ist schwach, und ich werde nicht schwach?
Wer wird zu Fall gebracht, und ich brenne nicht?
Wenn ich mich denn rühmen soll,
will ich mich meiner Schwachheit rühmen.]
Gerühmt muss werden;
wenn es auch nichts nützt,
so will ich doch kommen
auf die Erscheinungen und Offenbarungen des Herrn.

Ich kenne einen Menschen in Christus;
vor vierzehn Jahren – ist er im Leib gewesen?
Ich weiß es nicht; oder ist er außer dem Leib gewesen?
Ich weiß es nicht; Gott weiß es –,
da wurde derselbe entrückt bis in den dritten Himmel.
Und ich kenne denselben Menschen
– ob er im Leib oder außer dem Leib gewesen ist,
weiß ich nicht; Gott weiß es –,
der wurde entrückt in das Paradies
und hörte unaussprechliche Worte,
die kein Mensch sagen kann.
Für denselben will ich mich rühmen;
für mich selbst aber will ich mich nicht rühmen,
außer meiner Schwachheit.
Denn wenn ich mich rühmen wollte, wäre ich kein Narr;
denn ich würde die Wahrheit sagen.
Ich enthalte mich aber dessen,
damit nicht jemand mich höher achte,
als er an mir sieht oder von mir hört.
Und damit ich mich wegen der hohen Offenbarungen nicht überhebe,
ist mir gegeben ein Pfahl ins Fleisch,
nämlich des Satans Engel,
der mich mit Fäusten schlagen soll,
damit ich mich nicht überhebe.
Seinetwegen habe ich dreimal zum Herrn gefleht,
dass er von mir weiche.
Und er hat zu mir gesagt: Lass dir an meiner Gnade genügen;
denn meine Kraft vollendet sich in der Schwachheit.
Darum will ich mich am allerliebsten rühmen
meiner Schwachheit,
auf dass die Kraft Christi bei mir wohne.

Darum bin ich guten Mutes in Schwachheit,
in Misshandlungen, in Nöten,
in Verfolgungen und Ängsten um Christi willen;
denn wenn ich schwach bin, so bin ich stark.

IMPULS: Humor kann eine Brücke sein zwischen Parteien, die sich zerstritten haben. Oder er stellt die in den Mittelpunkt, die sonst eher übersehen werden. Wer sich dem Humor verpflichtet, ist alles andere als albern, sondern im Gegenteil tiefsinnig. Es gibt heute immer wieder Pfarrerinnen und Pfarrer, die im Humor eine zum Glauben passende Lebenseinstellung sehen und ihm einen angemessenen Platz in der Kirche geben wollen. Sie bezeichnen sich zum Teil als Narren Gottes . Das machen sie natürlich sehr bewusst. Sie haben ihr Vorbild in Paulus, der im zweiten Korintherbrief seine Narrenrede hinterlassen hat. Hier tritt er ganz bewusst als Narr auf und beginnt geradezu humorvoll, sich und sein Tun zu rühmen. Damit legt er den Finger in die Wunde. Es geht in seiner Rede schließlich um zentrale Glaubensfragen: Wie sehr trauen wir Menschen der eigenen Kraft und wie viel verlassen wir uns auf Gottes Hilfe? Das ist der Kern der Auseinandersetzung zwischen Paulus und seinen judenchristlichen Gegnern in Korinth. Sie berufen sich auf ihre hebräische Herkunft und darauf, Abrahams Kinder zu sein. Um mit ihnen vergleichbar zu sein, lässt Paulus sich darauf ein, sich selbst zu rühmen. Er rühmt sich aber vor allem solcher Ereignisse, die wir als Niederlagen ansehen würden: dass er gefangen war, gezüchtigt wurde, in Gefahr geriet. Darum kommt er zu dem Schluss: „Wenn ich mich rühmen soll, will ich mich meiner Schwachheit rühmen."

Doch dann beginnt er, über ein entscheidendes Ereignis zu schreiben. Es klingt, als ob er sich selbst rühmt. Paulus schreibt aber von sich nicht in der ersten, sondern in der dritten Person. Das klingt merkwürdig und so, als ober er sich der Gefahr des Eigenlobs bewusst ist. Er schreibt, wie er von Christus berufen wurde. Diese Berufung ist die Grundlage für sein gesamtes Denken und Wirken. Aber Paulus weiß auch, dass er hier in Gefahr gerät, überheblich zu klingen. Darum, so glaubt er, ist er mit einer Krankheit geschlagen. Er nennt sie „Pfahl im Fleisch". Mehrfach hat er Gott um Heilung gebeten. Doch dann hat er erkannt, die Krankheit als von Gott gegeben anzusehen. Eine solche Deutung ist in einer Narrenrede möglich. Es braucht dazu viel Humor, der nach einem bekannten Sprichwort da ist, wo wir trotz allem lachen.

6. Sonntag nach Trinitatis

Lesung: Apostelgeschichte 8,26-39

Der Engel des Herrn redete zu Philippus und sprach:
Steh auf und geh nach Süden auf die Straße,
die von Jerusalem nach Gaza hinabführt und öde ist.
Und er stand auf und ging hin.
Und siehe, ein Mann aus Äthiopien,
ein Kämmerer und Mächtiger am Hof der Kandake,
der Königin von Äthiopien, ihr Schatzmeister,
war nach Jerusalem gekommen, um anzubeten.
Nun zog er wieder heim
und saß auf seinem Wagen und las den Propheten Jesaja.
Der Geist aber sprach zu Philippus:
Geh hin und halte dich zu diesem Wagen!
Da lief Philippus hin
und hörte, dass er den Propheten Jesaja las,
und fragte: Verstehst du auch, was du liest?
Er aber sprach:
Wie kann ich, wenn mich nicht jemand anleitet?
Und er bat Philippus, aufzusteigen
und sich zu ihm zu setzen.
Die Stelle aber der Schrift, die er las, war diese:
„Wie ein Schaf, das zur Schlachtung geführt wird,
und wie ein Lamm, das vor seinem Scherer verstummt,
so tut er seinen Mund nicht auf.
In seiner Erniedrigung wurde sein Urteil aufgehoben.
Wer kann seine Nachkommen aufzählen?
Denn sein Leben wird von der Erde weggenommen." (vgl. Jesaja 53,7-8)

Da antwortete der Kämmerer dem Philippus und sprach:
Ich bitte dich, von wem redet der Prophet das,
von sich selber oder von jemand anderem?
Philippus aber tat seinen Mund auf
und fing mit diesem Schriftwort an
und predigte ihm das Evangelium von Jesus.
Und als sie auf der Straße dahinfuhren,
kamen sie an ein Wasser.
Da sprach der Kämmerer: Siehe, da ist Wasser;
was hindert's, dass ich mich taufen lasse?
Und er ließ den Wagen halten
und beide stiegen in das Wasser hinab,
Philippus und der Kämmerer,
und er taufte ihn.
Als sie aber aus dem Wasser heraufstiegen,
entrückte der Geist des Herrn den Philippus
und der Kämmerer sah ihn nicht mehr;
er zog aber seine Straße fröhlich.

IMPULS: „Er zog aber seine Straße fröhlich." Das positive Ende der Tauferzählung aus der Apostelgeschichte ist wie ein Ausrufezeichen. Dass die Getauften und ihre Angehörigen mit Fröhlichkeit, Lebensmut und Gottvertrauen ihre Wege gehen, weil Gott bei ihnen ist, beschreibt den Sinn jeder Taufe. Die Erzählung über die Taufe des Finanzministers aus Äthiopien gibt Anregungen für unsere heutige Taufpraxis. Zunächst ist bemerkenswert, dass Philippus den Kämmerer überhaupt tauft und ihn nicht auf später vertröstet. Er lernt ihn doch gerade erst kennen. Außerdem ist der Kämmerer kein Jude. Und wie es mit ihm nach seiner Taufe weitergeht, bleibt offen. Jedenfalls zieht er am Ende voller Fröhlichkeit in seine Heimat zurück.

Heute würden viele die Frage stellen, ob es angemessen ist, einen solchen Mann zu taufen. Aber ist diese Frage nicht falsch gestellt? Als ob wir die Entscheidung zur Taufe der Menschen treffen könnten! Philippus weiß jedenfalls, dass er den Kämmerer im Auftrag Gottes trifft. Er nimmt bei ihm seine große Sehnsucht wahr, dazuzugehören. Und er erkennt seinen Glauben an den einen Gott. Immerhin hat der Beamte den weiten Weg aus Äthiopien bis nach Jerusalem auf sich genommen, um Gott anzubeten. Dort muss er sich darüber hinaus die Schriftrolle des Propheten Jesaja gekauft haben, weil er seinen Glauben stärken will. Aus der liest er jedenfalls, als Philippus ihn auf der Straße zwischen Jerusalem und Gaza trifft. Dort stellt Philippus die richtige Frage: „Verstehst du auch, was du liest?" Wie aber soll der Kämmerer die schwierigen Worte aus einem der Gottesknechtslieder des Jesaja verstehen? Er bittet Philippus, in seinen Wagen einzusteigen, um den Sinn zu erläutern. Der legt diese Stelle christologisch aus und verkündet dem Kämmerer das Evangelium von Tod und Auferstehung Christi. Und zwar so überzeugend, dass der Kämmerer Philippus fragt, ihn zu taufen, als sie an eine Wasserstelle kommen. Und Philippus lässt sich von nichts und niemanden hindern, den Mann zu taufen. Ist das nicht ein Aufruf, auch heute Menschen ohne großes Hin und Her zu taufen und zur Taufe zu ermutigen?

7. Sonntag nach Trinitatis

Lesung: 2. Buch Mose 16,2-3.11-18

Es murrte die ganze Gemeinde der Israeliten
wider Mose und Aaron in der Wüste.
Und die Israeliten sprachen:
Wollte Gott, wir wären in Ägypten gestorben
durch des Herrn Hand,
als wir bei den Fleischtöpfen saßen
und hatten Brot die Fülle zu essen.
Denn ihr habt uns dazu herausgeführt in diese Wüste,
dass ihr diese ganze Gemeinde
an Hunger sterben lasst.
Und der Herr sprach zu Mose:
Ich habe das Murren der Israeliten gehört.
Sage ihnen: Gegen Abend sollt ihr Fleisch zu essen haben
und am Morgen von Brot satt werden
und sollt innewerden, dass ich, der Herr, euer Gott bin.
Und am Abend kamen Wachteln herauf
und bedeckten das Lager.
Und am Morgen lag Tau rings um das Lager.
Und als der Tau weg war,
siehe, da lag's in der Wüste rund und klein
wie Reif auf der Erde.
Und als es die Israeliten sahen,
sprachen sie untereinander: Man hu?
Denn sie wussten nicht, was es war.
Mose aber sprach zu ihnen:
Es ist das Brot, das euch der Herr zu essen gegeben hat.
Das ist's aber, was der Herr geboten hat:
Ein jeder sammle, soviel er zum Essen braucht,
einen Krug voll für jeden
nach der Zahl der Leute in seinem Zelte.

Und die Israeliten taten's und sammelten,
einer viel, der andere wenig.
Aber als man's nachmaß,
hatte der nicht darüber, der viel gesammelt hatte,
und der nicht darunter, der wenig gesammelt hatte.
Jeder hatte gesammelt, soviel er zum Essen brauchte.

IMPULS: Alle haben genug Brot, genau so viel sie zum Essen brauchen. Ist das nicht ein Traum oder eine Utopie, dass alle satt werden und niemand hungern muss? Es ist gut, dass die Erzählung auf diesen Gedanken zielt. Und diese Vorstellung einträgt in den Klangraum des siebten Sonntags nach Trinitatis, der sich thematisch um das Abendmahl dreht. Das Teilen von Brot und Wein im Gottesdienst ist letztlich nur möglich, wenn auch an die Hungrigen gedacht und mit ihnen – soweit möglich – geteilt wird. Das Brot vom Himmel ist für alle da und nicht nur für eine kleine Gruppe. Dieser Gedanke sollte am siebten Sonntag nach Trinitatis präsent gemacht werden oder wenn wir heute Abendmahl feiern.

Aber der Reihe nach. Bevor die Israeliten von Gott mit dem kleinen, runden Himmelsbrot beschenkt werden, hungerten sie. In der Wüste gab es nicht genug zu essen. Sie ist ein lebensfeindlicher Ort. Sie bietet kaum Wasser und nur wenig Nahrung. Und so begannen die Israeliten zu murren. Manche fingen sogar an, die Vergangenheit zu verklären. Als ob sie es in der Sklaverei in Ägypten besser gehabt hätten als auf dem Weg ins verheißene Land. Als ob es in Ägypten für sie volle Fleischtöpfe gegeben hätte und Brot in Fülle. „Warum hast du uns hergeführt, Mose?", fragten die einen. „Wir hätten in Ägypten bleiben sollen", sagten andere. Das war nicht nur ein Vorwurf an Moses. Sondern ein Vorwurf an Gott, in dessen Auftrag Mose die Israeliten aus der Knechtschaft befreit hatte. Gottes Hilfe beim Verlassen des Landes und beim Durchzug durchs Schilfmeer war schnell vergessen. Und die Ungerechtigkeit, unter der man in Ägypten litt, wurde kleingeredet.

Eigentlich hätte Gott allen Grund gehabt, den Israeliten ihren Undank vorzuwerfen. Doch Gott lässt die Klagen zu. Er wehrt sich nicht dagegen. Stattdessen verspricht er Hilfe. Und stellt seinem Volk Nahrung in Aussicht. In nur wenigen Stunden sollen sie genug zu essen haben. Und am Morgen sorgt er für das Brot des Himmels. Und zwar so reichlich, dass es für jeden reicht. Und alle satt werden.

8. Sonntag nach Trinitatis

Lesung: Epheserbrief 5,8b-14

Wandelt als Kinder des Lichts;
die Frucht des Lichts ist lauter Güte
und Gerechtigkeit und Wahrheit.
Prüft, was dem Herrn wohlgefällig ist,
und habt nicht Gemeinschaft
mit den unfruchtbaren Werken der Finsternis;
deckt sie vielmehr auf.
Denn was von ihnen heimlich getan wird,
davon auch nur zu reden ist schändlich.
Das alles aber wird offenbar,
wenn's vom Licht aufgedeckt wird;
denn alles, was offenbar wird, das ist Licht.
Darum heißt es: Wach auf, der du schläfst,
und steh auf von den Toten,
so wird dich Christus erleuchten.

IMPULS: Wer will nicht zu den Kindern des Lichts gehören und zu denen zählen, bei denen das Licht alles hell macht? Wenn dann noch als Frucht des Lichts Güte, Gerechtigkeit und Wahrheit genannt werden, scheint es geradezu verführerisch attraktiv, ein Kind des Lichts zu sein. Das klingt danach, immer wieder herausgeholt zu werden aus den dunklen Phasen, die in jedem Leben vorkommen – mal mehr, mal weniger. Doch Güte, Gerechtigkeit und Wahrheit sind keine Eigenschaften, die einem in den Schoß fallen. Im Gegenteil müssen sie hart erarbeitet werden. Und zwar an jedem Tag. Schon das gütig sein, fällt nicht leicht. Gütig ist jemand, der mehr gibt als nimmt, der Verständnis hat mit anderen - auch mit den nicht ganz so Guten - und der anderen Gutes tut.

Auch gerecht zu handeln fällt schwer. Schon die eigene Aufmerksamkeit und Zeit gerecht zu verteilen, ist nicht leicht. Aber sobald es um wirklichen Besitz geht, werden die Fragen schwierig. Wie viel beanspruchen wir selbst von dem, was wir haben und verdienen? Und wie viel geben wir davon ab an Arme und Bedürftige? Manchen wird sich die Frage stellen, ob sie überhaupt etwas abgeben können, wenn das Konto am Monatsende überzogen ist und kaum etwas vom Verdienst übrigbleibt.

Auch mit der Wahrheit ist es kompliziert – gerade in einer Zeit, in der alternative Fakten eine immer größere Rolle spielen, die durch die sozialen Medien oft ungeprüft weitergeleitet werden. Wo Verschwörungstheorien gesponnen und geteilt werden und es zu jeder Frage mehrere, sich deutlich widersprechende Antworten gibt.

Kinder des Lichts zu sein, ist also nicht nur ein Geschenk, sondern eine Aufgabe. Es gilt, den Früchten des Lichts gerecht zu werden. Und sich von den unfruchtbaren, heimlichen Werken der Finsternis fernzuhalten. Aber letztlich ist es doch viel attraktiver, auf der Seite des Lichts zu stehen als auf der der dunklen Kräfte, die das Leben beschweren. Die Kinder des Lichts werden schließlich von Christus erleuchtet. Sie dürfen teilhaben an seiner Auferstehung, durch die er die Dunkelheit überwindet.

9. Sonntag nach Trinitatis

Lesung: Matthäus 13,44-46
Jesus sprach zu seinen Jüngern:
Das Himmelreich gleicht einem Schatz,
verborgen im Acker,
den ein Mensch fand und verbarg;
und in seiner Freude geht er hin
und verkauft alles, was er hat,
und kauft den Acker.
Wiederum gleicht das Himmelreich einem Kaufmann,
der gute Perlen suchte,
und da er eine kostbare Perle fand,
ging er hin und verkaufte alles, was er hatte,
und kaufte sie.

IMPULS: Warum verkauft einer alles, was er hat? Nur um ein einziges Anlageobjekt zu erwerben? Ist das nicht zu waghalsig und risikoreich? Zeigt nicht das tägliche Leben oder auch eine immer wieder von Krisen geschüttelte Weltlage, wie schnell man falsch liegen kann, wenn man sich einseitig festgelegt hat? Doch wir sollten bei den beiden Beispielen, die Jesus erzählt, daran denken, um was es hier geht: um das Reich Gottes. Das vergleicht Jesus mit einem Schatz, den jemand im Acker findet, und mit einer kostbaren Perle. Und beim Reich Gottes gilt es – das legen beide Beispiele nahe – etwas zu wagen. Ist mir Gott so wichtig, dass ich alles daransetze, um zu ihm zu gehören? So wie der Mensch, der zufällig auf einem Acker einen Schatz findet und alles dafür wagt. Nur so hat er die Chance, dass der Schatz ihm gehört. Oder wie der Händler, der auf der Suche nach Perlen eine ganz besondere findet und alles drangibt, um diese edle Perle zu besitzen.

Vielleicht ist es besser, die Freude um das Finden in den Mittelpunkt zu stellen, um die beiden Beispiele richtig zu verstehen. Beim Finden eines Schatzes oder einer kostbaren Perle werden Sehnsüchte und Träume gestillt. Die Freude über den Fund ist so groß, dass es leichtfällt, alles für das Gefundene zu geben. Auf diese Weise drücken die beiden aus, wie wertvoll ihnen der Schatz und die Perle sind. So soll es beim Finden des Gottesreiches auch sein, in dem Gott auch manche unserer Sehnsüchte stillt. Es lohnt sich, etwas zu wagen um dazuzugehören. Nun dürfen wir aber das Gleichnis nicht überinterpretieren und missverstehen. Als ob wir nur Anteil am Reich Gottes haben können, wenn wir all unseren Besitz weggeben. Und alles andere loslassen. Materielles bleibt in unserer hochmodernen Welt für uns wichtig, bekommt aber einen anderen Stellenwert. Wer sich über das gefundene Gottesreich freut, ist frei von den Zwängen der materiellen Welt, ohne alles dafür verkaufen zu müssen.

10. Sonntag nach Trinitatis – Israelsonntag: Kirche und Israel

Lesung: Sacharja 8,20-23

So spricht der Herr Zebaoth:
Es werden noch Völker kommen
und Bürger vieler Städte,
und die Bürger der einen Stadt werden zur andern gehen
und sagen: Lasst uns gehen, den Herrn anzuflehen
und zu suchen den Herrn Zebaoth;
wir wollen mit euch gehen.
So werden viele Völker und mächtige Nationen kommen,
den Herrn Zebaoth in Jerusalem zu suchen
und den Herrn anzuflehen.
So spricht der Herr Zebaoth:
Zu jener Zeit werden zehn Männer
aus allen Sprachen der Völker
einen jüdischen Mann
beim Zipfel seines Gewandes ergreifen
und sagen: Wir wollen mit euch gehen,
denn wir haben gehört, dass Gott mit euch ist.

IMPULS: Am 10. Sonntag nach Trinitatis steht das Verhältnis zwischen Kirche und Israel im Mittelpunkt. Dabei hat die Kirche als Gegenüber zu Gottes ersterwähltem Volk bis weit ins 20. Jahrhundert fast vollständig versagt. Weil sie den Juden das absprach, was ihnen Gott zugesagt hatte: von Gott erwählt zu sein. Stattdessen wurden Juden verfolgt, unterdrückt und ermordet. Oft waren es Kirchenvertreter, die hier die Initiative ergriffen oder nichts dagegen sagten oder taten. Wir können heute den Israelsonntag nicht begehen, ohne an den kirchlichen Antisemitismus zu denken, an dessen Ende die Shoa stand, die systematische Ermordung von Millionen jüdischen Kindern, Frauen und Männern während der NS-Zeit.

Vor diesem Hintergrund wirkt die Vision des Propheten Sacharja geradezu beschämend. Weil sie die Trennung zwischen Gottes erwähltem Volk und den anderen Völkern nicht mitmacht, sondern auflöst. Sacharja sieht eine Völkerwanderung zum Zion voraus, an der nicht nur die Juden teilnehmen. Auch die heidnischen Bürger großer Städte sprechen sich ab, es dem jüdischen Volk gleichzutun, die gerade aus der Fremde in ihre Heimat zurückkehren. Sie wollen zusammen mit ihnen nach Jerusalem ziehen. Und mit ihnen gemeinsam Gottesdienst feiern und zu Gott beten. Sie tun das in der Hoffnung, dass ihre Suche nach Gott nicht vergeblich ist und Gott sich von ihnen finden lässt. Sacharja hat keine Angst, dass die Stadt Jerusalem überfüllt sein könnte. Er prophezeit, dass sich zehn Männer aus aller Welt um einen jüdischen Mann gruppieren, einen Zipfel seiner Kleidung anfassen und sich damit unter seinen Schutz stellen. Die Völker hatten von diesem Gott gehört, der sein Volk nicht alleine lässt. Darum zieht es sie nach Zion, um diesem Gott nahe zu kommen.

Es scheint, als sei das Buch des Propheten Sacharja über Jahrhunderte hinweg in den christlichen Kirchen nur selten gelesen worden. Sonst hätte seine Offenheit für die anderen Völker doch dazu führen müssen, dass sich Christen und Juden als Schwestern und Brüder verstehen, die an den gleichen Gott glauben.

10. Sonntag nach Trinitatis – Israelsonntag: Gedenktag der Zerstörung Jerusalems

Lesung: 5. Buch Mose 30,1-6[7-10]

Mose sprach zu ganz Israel:

Wenn nun dies alles über dich kommt,

es sei der Segen oder der Fluch, die ich dir vorgelegt habe,

und du es zu Herzen nimmst,

wenn du unter den Heiden bist,

unter die dich der Herr, dein Gott, verstoßen hat,

und du dich bekehrst zu dem Herrn, deinem Gott,

dass du seiner Stimme gehorchst, du und deine Kinder,

von ganzem Herzen und von ganzer Seele

in allem, was ich dir heute gebiete,

so wird der Herr, dein Gott, deine Gefangenschaft wenden

und sich deiner erbarmen

und wird dich wieder sammeln aus allen Völkern,

unter die dich der Herr, dein Gott, verstreut hat.

Wenn du bis ans Ende des Himmels verstoßen wärst,

so wird dich doch der Herr, dein Gott, von dort sammeln

und dich von dort holen

und wird dich in das Land bringen,

das deine Väter besessen haben,

und du wirst es einnehmen,

und er wird dir Gutes tun

und dich zahlreicher machen, als deine Väter waren.

Und der Herr, dein Gott, wird dein Herz beschneiden
und das Herz deiner Nachkommen,
damit du den Herrn, deinen Gott, liebst
von ganzem Herzen und von ganzer Seele,
auf dass du am Leben bleibst.
[Aber alle diese Flüche wird der Herr, dein Gott,
auf deine Feinde legen
und auf die, die dich hassen und verfolgen.
Du aber wirst umkehren
und der Stimme des Herrn gehorchen,
dass du tust alle seine Gebote, die ich dir heute gebiete.
Und der Herr, dein Gott, wird dir Glück geben
zu allen Werken deiner Hände,
zu der Frucht deines Leibes,
zu den Jungtieren deines Viehs,
zum Ertrag deines Ackers,
dass dir's zugutekomme.
Denn der Herr wird sich wieder über dich freuen, dir zugut,
wie er sich über deine Väter gefreut hat,
weil du der Stimme des Herrn, deines Gottes, gehorchst
und hältst seine Gebote und Rechte,
die geschrieben stehen im Buch dieses Gesetzes,
wenn du dich bekehrst zu dem Herrn, deinem Gott,
von ganzem Herzen und von ganzer Seele.]

IMPULS: Am 10. Sonntag nach Trinitatis gibt es gewichtige Gründe, den Israelsonntag als Bußtag zu begehen und gemeinsam mit den Juden an die Zerstörung Jerusalems und des Tempels zu denken. Und natürlich auch an das Unrecht, das Juden in unserem Land und in Europa erdulden mussten, vor allem während der NS-Zeit. Es ist gut, dass es – mitten im Sommer – diesen Bußtag gibt. Er soll dazu dienen, dass wir Christen in uns gehen und vor Gott das bekennen, was unsere Eltern, Großeltern und Urgroßeltern ihren jüdischen Mitmenschen angetan haben.

Vor dem Hintergrund der Shoa fällt es schwer, den Text aus dem 30. Kapitel des fünften Buches Mose, unbeschwert zu lesen. Die Zusage, dass Gott sein Volk sammeln wird, selbst wenn sie bis ans Ende des Himmels verstoßen wären, wirkt angesichts des Leids in den Konzentrationslagern fast zynisch. Kann man das nach Auschwitz einfach so lesen? Oder muss man es zumindest kommentieren? Und mit der Frage unterlegen, wo Gott war, als jüdische Männer, Frauen und Kinder in den Vernichtungslagern umgebracht wurden? Warum hat er sie nicht rechtzeitig befreien lassen aus den Lagern, in denen sie eingesperrt waren? Warum hat er zugelassen, was damals geschah?

Am 10. Sonntag nach Trinitatis ist klar, dass die Vision über Gottes gnädige Zuwendung dem erserwählten Volk Gottes gilt. Das muss heute immer wieder laut und deutlich gesagt werden, in einer Zeit, in der sich verstärkt antisemitische Strömungen in den Vordergrund drängen. Wir müssen als Christen Position für unsere jüdischen Geschwister beziehen und gegen jede Form des Antisemitismus aufstehen. Wir dürfen dabei nichts kleinreden und uns keine Illusionen machen. Stattdessen müssen wir den Antisemitismus in unserer Gesellschaft an der Wurzel packen und ihn bloßstellen. Gott will für alle Gott sein. Juden und Christen glauben an ihn gemeinsam und können sich darum als Brüder und Schwestern verstehen.

11. Sonntag nach Trinitatis

Lesung: Galaterbrief 2,16-21

Weil wir wissen, dass der Mensch
durch Werke des Gesetzes
nicht gerecht wird,
sondern durch den Glauben an Jesus Christus,
sind auch wir zum Glauben an Christus Jesus gekommen,
damit wir gerecht werden durch den Glauben an Christus
und nicht durch Werke des Gesetzes;
denn durch des Gesetzes Werke
wird kein Mensch gerecht.
Sollten wir aber,
die wir durch Christus gerecht zu werden suchen,
sogar selbst als Sünder befunden werden –
ist dann Christus ein Diener der Sünde?
Das sei ferne!
Denn wenn ich das, was ich niedergerissen habe,
wieder aufbaue,
dann mache ich mich selbst zu einem Übertreter.
Denn ich bin durchs Gesetz dem Gesetz gestorben,
damit ich Gott lebe.
Ich bin mit Christus gekreuzigt.
Ich lebe, doch nun nicht ich,
sondern Christus lebt in mir.
Denn was ich jetzt lebe im Fleisch,
das lebe ich im Glauben an den Sohn Gottes,
der mich geliebt hat
und sich selbst für mich dahingegeben.
Ich werfe nicht weg die Gnade Gottes;
denn wenn durch das Gesetz die Gerechtigkeit kommt,
so ist Christus vergeblich gestorben.

IMPULS: Im zweiten Kapitel des Galaterbriefes lässt sich das Zentrum der Theologie des Apostels Paulus erahnen: Ihm geht es um die Freiheit. Sein Anliegen ist es, die befreiende Seite des Glaubens an Jesus Christus hervorzuheben. Der Glaube ist mehr als das Ergebnis von Tun oder Verhalten. Um Paulus hier richtig zu verstehen, ist es wichtig, auf die Auseinandersetzung zwischen ihm und Petrus in der Gemeinde von Antiochia zu blicken. Petrus hatte sich dort problematisch verhalten, schreibt Paulus. Zunächst hatte Petrus dort das Abendmahl gemeinsam mit Heidenchristen gefeiert. Aber als Vertreter aus der judenchristlichen Gemeinde in Jerusalem nach Antiochia kamen, hat er sein Verhalten geändert. Nach Paulus war dieser Rückzug von den Heidenchristen falsch. Er warf Petrus vor, ein Wendehals zu sein. Erst habe er heidnisch gelebt, also ohne die jüdischen Speisvorschriften zu beachten. Und nun würde er von den Heidenchristen verlangen, sich an die Speisvorschriften der Thora zu halten, also wie Juden zu leben.

Letztlich geht es hier um die Frage der Identität der Christenheit. Sind die Jesusleute in erster Linie Juden und müssen sich wie diese an die Thora und die jüdischen Traditionen halten? Oder bilden die Christen eine eigenständige Religion? Welche Verbindung ist stärker, die zwischen Juden- und Heidenchristen? Oder die zwischen Judenchristen und dem jüdischen Volk? Konkret wurde diese Frage in der Gemeinde in Antiochia beim Abendmahl. Wo es unterschiedliche Ansichten darüber gab, ob die Juden, die an Jesus Christus glauben, zusammen mit den Heidenchristen und ohne Beachtung der traditionellen Speiseordnung das Mahl des Herrn feiern dürfen.

Heute scheint die Frage der Identität des Christentums längst beantwortet. Zugleich aber ist sie von ganz anderer Seite her zerbrechlich, weil die Kirche selbst unter einem Traditionsabbruch leidet. Weil sie vielen Menschen kaum wichtig ist und der Glaube an Jesus Christus vielen verloren geht. Wie wichtig ist es, in dieser Situation für den christlichen Glauben zu werben. Er ist mehr als Tradition. Der Glaube macht wirklich frei. Und schenkt uns den gnädigen Gott.

12. Sonntag nach Trinitatis

Lesung: Lukas 13,10-17

Jesus lehrte in einer Synagoge am Sabbat.

Und siehe, eine Frau war da,

die hatte seit achtzehn Jahren einen Geist,

der sie krank machte;

und sie war verkrümmt

und konnte sich nicht mehr aufrichten.

Als aber Jesus sie sah, rief er sie zu sich

und sprach zu ihr:

Frau, du bist erlöst von deiner Krankheit!

Und legte die Hände auf sie;

und sogleich richtete sie sich auf und pries Gott.

Da antwortete der Vorsteher der Synagoge,

denn er war unwillig, dass Jesus am Sabbat heilte,

und sprach zu dem Volk:

Es sind sechs Tage, an denen man arbeiten soll;

an denen kommt und lasst euch heilen,

aber nicht am Sabbattag.

Da antwortete ihm der Herr und sprach: Ihr Heuchler!

Bindet nicht jeder von euch

am Sabbat seinen Ochsen oder Esel von der Krippe los

und führt ihn zur Tränke?

Musste dann nicht diese, die doch Abrahams Tochter ist,

die der Satan schon achtzehn Jahre gebunden hatte,

am Sabbat von dieser Fessel gelöst werden?

Und als er das sagte, schämten sich alle, die gegen ihn waren.

Und alles Volk freute sich

über alle herrlichen Taten, die durch ihn geschahen.

Was für ein Schicksal muss die verkrümmte Frau tragen. Achtzehn Jahre lang drückt sie ihre Krankheit und behindert sie. Sie kann nicht geradestehen und vermutlich fällt ihr jede Bewegung schwer. Heute trifft sie Jesus in der Synagoge. In seiner Gegenwart fühlt sie sich angenommen – trotz ihrer Krankheit. Jesus ruft sie zu sich und legt ihr die Hände auf. Und auf einmal ist sie frei: Sie ist nicht mehr verkrümmt und kann sich ohne Schmerzen aufrichten. Dankbar wendet sie sich an Gott.

Die unerwartete Heilung der Frau findet in aller Öffentlichkeit statt – mitten in der Synagoge, vor den Augen der Gemeinde, die sich am Sabbat hier versammelt. Doch nicht alle sind begeistert. Der Synagogenvorsteher mischt sich ein. Ihm passt nicht, dass die Frau am Sabbat geheilt wird. Schließlich soll an diesem Tag nicht gearbeitet werden. Darum sagt er den Anwesenden: Kommt, wenn ihr geheilt werden wollt, an einem der Werktage. Bloß nicht am Sabbat. Der Vorsteher versteht nicht, dass sich vor seinen Augen genau das ereignet, was einen guten Gottesdienst ausmacht. Dass Menschen Heil erleben und Gott preisen. Jeder Gottesdienst soll einen Vorgeschmack auf das Reich Gottes bieten, in dem Krankheit und Leid überwunden sind.

Jesus spricht den Vorsteher und alle an, die sich dessen Meinung angeschlossen haben. Er fragt, ob sie nicht ganz selbstverständlich am Sabbat ihre Haustiere losbinden und zur Tränke führen, damit sie nicht dursten müssen. Wenn sie ihre Tiere am Sabbat befreien, muss doch ähnliches für die Frau gelten. Sie ist seit achtzehn Jahren durch ihre Krankheit gebunden. Sie davon zu heilen, ist also mehr als gerechtfertigt. In Gottes Augen ist sie eine wertvolle Tochter Abrahams.

Anderen Gutes tun, darf auf keinen Fall verboten werden – aus welchem Grund auch immer. Und Prinzipienreiterei mag klar und richtig klingen, doch sie dient weder der Liebe noch hat sie das Wohl der Menschen im Blick. Sie dient nur dem Prinzip. In Jesu Gegenwart gilt dagegen vor allem die Liebe. Er hat die Ausgeschlossenen im Blick, nimmt die Bemitleidenswerten an und heilt die Kranken. In seiner Gegenwart ist das Reich Gottes schon gegenwärtig – auch heute.

13. Sonntag nach Trinitatis

Lesung: 3. Buch Mose 19,1-3.13-18.33-34

Der Herr redete mit Mose und sprach:
Rede mit der ganzen Gemeinde der Israeliten
und sprich zu ihnen: Ihr sollt heilig sein,
denn ich bin heilig, der Herr, euer Gott.
Ein jeder fürchte seine Mutter und seinen Vater.
Haltet meine Feiertage; ich bin der Herr, euer Gott.
Du sollst deinen Nächsten nicht bedrücken noch berauben.
Es soll des Tagelöhners Lohn nicht bei dir bleiben
bis zum Morgen.
Du sollst dem Tauben nicht fluchen
und sollst vor den Blinden kein Hindernis legen,
denn du sollst dich vor deinem Gott fürchten;
ich bin der Herr.
Du sollst nicht unrecht handeln im Gericht:
Du sollst den Geringen nicht vorziehen,
aber auch den Großen nicht begünstigen,
sondern du sollst deinen Nächsten recht richten.
Du sollst nicht als Verleumder umhergehen
unter deinem Volk.
Du sollst auch nicht auftreten
gegen deines Nächsten Leben;
ich bin der Herr.
Du sollst deinen Bruder nicht hassen in deinem Herzen,
sondern du sollst deinen Nächsten zurechtweisen,
damit du nicht seinetwegen Schuld auf dich lädst.

Du sollst dich nicht rächen
noch Zorn bewahren gegen die Kinder deines Volks.
Du sollst deinen Nächsten lieben wie dich selbst;
ich bin der Herr.
Wenn ein Fremdling bei euch wohnt in eurem Lande,
den sollt ihr nicht bedrücken.
Er soll bei euch wohnen wie ein Einheimischer unter euch,
und du sollst ihn lieben wie dich selbst;
denn ihr seid auch Fremdlinge gewesen in Ägyptenland.
Ich bin der Herr, euer Gott.

IMPULS: Am dreizehnten Sonntag nach Trinitatis steht die Nächstenliebe im Mittelpunkt: „Du sollst deinen Nächsten lieben, wie dich selbst." Das ist eine klare und deutliche Ethik. Die aber immer neu konkret werden muss. Wie das gehen kann, wird im 19. Kapitel des 3. Buches Mose deutlich: Als erstes sollen die Arbeitenden weder ausgebeutet noch unterdrückt werden. Der Tagelöhner soll seinen Lohn noch am Abend des Arbeitstages bekommen und nicht erst am nächsten Morgen. So soll verhindert werden, die Arbeitenden abhängig zu halten. Sie können gleich zu Beginn des folgenden Tages zu einem anderen Arbeitgeber gehen.

Dann soll niemand die Behinderung der Mitmenschen missbrauchen. Dem Tauben soll niemand einen Fluch zusprechen. Und niemand soll vor Blinden ungesehen ein Hindernis auslegen, an dem der sich nichtsahnend stößt. Dann soll niemand seine Mitmenschen verleumden. Das sind alles richtige Forderungen, die zum 13. Sonntag nach Trinitatis jeweils gut passen.

Doch dann gibt es einen Punkt, der heraussticht: Vor Gericht soll niemand unrecht handeln. Der Große soll nicht begünstigt werden. Aber auch der Arme und Geringe soll nicht vorgezogen werden. Es kommt vor Gericht darauf an, alle nach Recht und Gesetz zu behandeln. Es darf keine Rolle spielen, ob jemand angesehen ist oder nicht, ob er oder sie arm ist oder reich. Das ist bemerkenswert. Weil hier milieuübergreifend gedacht wird. Es wäre genauso ungerecht, wenn die Armen vor Gericht vorgezogen werden wie umgekehrt.

Dann folgt die Forderung, den Nächsten nicht zu hassen, sondern – offenbar nachdem der schuldig geworden ist – zurechtzuweisen. Als Begründung wird angefügt: „damit du nicht seinetwegen Schuld auf dich lädst." Dahinter steht die Vorstellung, dass die Schuld des Einzelnen Auswirkungen auf die ganze Familie und sogar auf das ganze Volk hat. Es ist darum keine Privatsache, ob einer lügt, betrügt oder stiehlt. Solche offensichtlich falschen Handlungen gehen jeden in der Umgebung an. Werden sie nicht aufgedeckt, können sie Schaden für das ganze Volk anrichten. Auch wenn wir heute diese Vorstellung nicht mehr teilen, ist es nicht verkehrt, aus dieser Forderung zu lernen und Schuld, die wir entdecken, hin und wieder beim Namen zu nennen.

14. Sonntag nach Trinitatis

Lesung: Römerbrief 8,14-17

Welche der Geist Gottes treibt, die sind Gottes Kinder.
Denn ihr habt nicht
einen Geist der Knechtschaft empfangen,
dass ihr euch abermals fürchten müsstet;
sondern ihr habt einen Geist der Kindschaft empfangen,
durch den wir rufen: Abba, lieber Vater!
Der Geist selbst gibt Zeugnis unserm Geist,
dass wir Gottes Kinder sind.
Sind wir aber Kinder, so sind wir auch Erben,
nämlich Gottes Erben und Miterben Christi,
da wir ja mit ihm leiden,
damit wir auch mit ihm
zur Herrlichkeit erhoben werden.

IMPULS: Wer will nicht ein Kind Gottes sein? Und von seinem Geist inspiriert und aus der Unfreiheit in die Freiheit überführt werden? Das klingt so vielversprechend, dass man sich das sofort wünscht. Doch ist Kindheit nur einfach? Und nur schön? Wer heute an seine Kindheit zurückdenkt, wird vermutlich neben manchem Schönen auch weniger Gutes erinnern. Vieles wurde von den Eltern reglementiert. Immer wieder musste ein Elternteil um Erlaubnis gebeten werden. Und finanziell sind Kinder von ihren Eltern abhängig. Die meisten Kinder wollen deshalb so schnell wie möglich erwachsen werden. Sie wollen selbstständig sein und auf eigenen Füßen stehen.

Und doch werden rückblickend sicher die schönen Seiten der Kindheit überwiegen. Gerade die frühe Kindheit dürfte bei vielen positiv erinnert werden. Da gab es viel freie Zeit. Man hatte wenig Verantwortung zu tragen. Wichtigstes Ziel war es, neugierig zu sein und zu lernen. Das klappte leicht. Und ging häufig spielerisch und ohne große Anstrengung. Vor der Pubertät ist das Verhältnis zu den Eltern bei vielen gut. Kinder und Eltern gehen in dieser Zeit verständnisvoll miteinander um. Mit der Pubertät aber wird das Eltern-Kind-Verhältnis meist schwieriger. Konflikte kommen häufiger auf, die aber wichtig sind für die in diesen Jahren immer weiter zunehmende Selbstständigkeit.

Wenn Paulus uns Gottes Kinder nennt, dann spielen unsere Erfahrungen dabei immer eine Rolle. Paulus knüpft an ganz ähnliche Erfahrungen an. Der Geist Gottes ist eben kein Geist der Knechtschaft, sondern ein Geist der Freiheit, betont er. Frei und selbstverständlich lässt uns der Geist Gott gegenüber sein. Wir nennen ihn mit dem liebevollen Kosenamen „Abba". Kind Gottes zu sein, bedeutet in erster Linie also, Gott mit Vertrauen zu begegnen. Und von ihm gesegnet zu sein. Weil wir nicht nur zu seinen Kindern zählen, sondern auch zu seinen Erben. Paulus spricht davon, dass wir sogar Miterben Christi sind. Wir werden zwar mit Jesus Christus leiden, aber am Ende mit ihm auferstehen und mit ihm zusammen in der himmlischen Herrlichkeit leben. Wer will vor diesem Hintergrund nicht Kind Gottes sein?

15. Sonntag nach Trinitatis

Lesung: Matthäus 6,25-34

Jesus lehrte seine Jünger und sprach:

Sorgt euch nicht um euer Leben,

was ihr essen und trinken werdet;

auch nicht um euren Leib, was ihr anziehen werdet.

Ist nicht das Leben mehr als die Nahrung

und der Leib mehr als die Kleidung?

Seht die Vögel unter dem Himmel an:

Sie säen nicht, sie ernten nicht,

sie sammeln nicht in die Scheunen;

und euer himmlischer Vater ernährt sie doch.

Seid ihr denn nicht viel kostbarer als sie?

Wer ist aber unter euch,

der seiner Länge eine Elle zusetzen könnte,

wie sehr er sich auch darum sorgt?

Und warum sorgt ihr euch um die Kleidung?

Schaut die Lilien auf dem Feld an, wie sie wachsen:

Sie arbeiten nicht, auch spinnen sie nicht.

Ich sage euch, dass auch Salomo in aller seiner Herrlichkeit

nicht gekleidet gewesen ist wie eine von ihnen.

Wenn nun Gott das Gras auf dem Feld so kleidet,

das doch heute steht

und morgen in den Ofen geworfen wird:

Sollte er das nicht viel mehr für euch tun,

ihr Kleingläubigen?

Darum sollt ihr nicht sorgen

und sagen: Was werden wir essen?

Was werden wir trinken?

Womit werden wir uns kleiden?

Nach dem allen trachten die Heiden.
Denn euer himmlischer Vater weiß,
dass ihr all dessen bedürft.
Trachtet zuerst nach dem Reich Gottes
und nach seiner Gerechtigkeit,
so wird euch das alles zufallen.
Darum sorgt nicht für morgen,
denn der morgige Tag wird für das Seine sorgen.
Es ist genug, dass jeder Tag seine eigene Plage hat.

IMPULS: Einfach leben, ohne jede Sorge – wäre das nicht himmlisch? – ohne Angst, dass das Geld am Ende des Monats nicht reicht und dass der Kühlschrank sich zunehmend lehrt? Aber geht das so einfach? Können wir ein Leben ohne Mühe und Sorge führen? In der jetzigen, komplizierten Welt braucht es doch das Nachdenken über Morgen. Wer einfach so vor sich hinlebt, ohne sich Gedanken über die Zukunft zu machen, ohne zu haushalten, wird es am Ende bereuen. Nur so bleibt vom verdienten Geld etwas übrig. Nicht allein am Monatsende, sondern auch für Kinder in der Ausbildung oder für den eigenen Ruhestand.

Doch Sorgen können einem Menschen auch Angst machen und sogar erdrücken. Wer ständig darüber nachdenkt, was in der Zukunft alles schieflaufen kann und wofür er jetzt unbedingt sparen muss, wird seines Lebens nicht froh. Die Sorgen nehmen dann schnell überhand und machen unfrei. Ein solches Sorgen muss unterschieden werden von einem verantwortungsvollen Umgang mit dem Verdienst. Solche Sorgen sind wie ein negatives Lebenszeichen, das die Zukunft düster wirken lässt. Als ob sie nur Risiken birgt und keine Chancen. Dabei wissen wir Menschen, dass das Leben immer beides mit sich bringt, Positives und Negatives und alles, was dazwischen liegt. Wer die Zukunft nur als Bedrohung sieht, verspielt sie und setzt seiner Freiheit ein Ende. Die Sorgen machen ihn zum Knecht oder sie zur Magd. Jesus ruft dagegen alle, die unter solchen Sorgen leiden, in die Freiheit. Es reicht, dass jeder Tag seine eigene Plage hat, sagt er in der Bergpredigt. Ihm geht es nicht darum, uns zu positiven Denkern zu machen. Jesus weiß, dass das Leben seine Schattenseiten hat, dass es Hunger und Durst gibt. Aber das Leben ist mehr als Nahrung und mehr als Kleidung. Dazu sind die Vögel unter dem Himmel ein gutes Beispiel und auch die Lilien auf dem Feld. Sie führen uns vor Augen, dass uns das Wesentliche im Leben nur geschenkt ist und nicht durch unser Sorgen verdient werden kann.

16. Sonntag nach Trinitatis

Lesung: Psalm 16,[1-4]5-11

[Ein güldenes Kleinod Davids.
Bewahre mich, Gott; denn ich traue auf dich.
Ich habe gesagt zu dem Herrn: Du bist ja der Herr!
Ich weiß von keinem Gut außer dir.
An den Heiligen, die auf Erden sind,
an den Herrlichen hab ich all mein Gefallen.
Aber jene, die einem andern nachlaufen,
werden viel Herzeleid haben.
Ich will das Blut ihrer Trankopfer nicht opfern
noch ihren Namen in meinem Munde führen.]
Der Herr ist mein Gut und mein Teil;
du hältst mein Los in deinen Händen!
Das Los ist mir gefallen auf liebliches Land;
mir ist ein schönes Erbteil geworden.
Ich lobe den Herrn, der mich beraten hat;
auch mahnt mich mein Herz des Nachts.
Ich habe den Herrn allezeit vor Augen;
er steht mir zur Rechten, so wanke ich nicht.
Darum freut sich mein Herz, und meine Seele ist fröhlich;
auch mein Leib wird sicher wohnen.
Denn du wirst meine Seele nicht dem Tode lassen
und nicht zugeben, dass dein Heiliger die Grube sehe.
Du tust mir kund den Weg zum Leben:
Vor dir ist Freude die Fülle
und Wonne zu deiner Rechten ewiglich.

IMPULS: Es klingt ein wenig wie an Ostern. Obwohl der 16. Sonntag nach Trinitatis schon deutlich auf den Herbst zugeht. 24 Wochen, ein halbes Sonnenjahr nach dem Ostersonntag, taucht die unbändige Freude an Jesu Auferstehung noch einmal auf im Kirchenjahr. In Psalm 16 vertraut der Beter offenbar vollständig auf Gott, der ihn auch gegen die Todesmächte beschützt. Gott ist darum sein ein und alles. Der Psalmbeter ist davon überzeugt, dass Gott es gut mit ihm meint. Er weiß sich bei Gott in guten Händen. Gott ist es, der ihm – als Teil des Volkes Israel – das schöne Land zwischen dem Mittelmeer und dem Jordan verheißt und ihm zum Erbe gibt. Doch ganz so einfach ist es nun doch nicht. Auch der Psalmbeter weiß, dass das Leben nicht einfach schwarz oder weiß ist. Auch er muss Gott um Bewahrung bitten. Auch bei ihm scheint nicht alles nur gut zu laufen. Auch wenn er auf Gott vertraut und ihn für das höchste Gut hält.

Es gibt nämlich andere, die sich nicht an Gott halten. Sie missachten, wo sich Gott auf Erden finden lässt. Diese Leute setzen ihr Vertrauen nicht in erster Linie auf den Gott der Bibel. Sondern auf andere Götter, die sich geradezu aufdrängen: Macht, Besitz, Reichtum. Oder die Leute vertrauen auf das, was sie selbst darstellen oder eigenhändig geschaffen haben. Das Leben zeigt bis heute, dass es solche Leute gibt. Und es ist nicht leicht, zu verstehen, dass es ihnen oft gut geht. Häufig besser als denen, die ihr Vertrauen allein auf Gott setzen.

Gerade deshalb stimmt der Psalmbeter österliche Töne an. Er freut sich von Herzen, dass er es in Gottes Hand in Zukunft guthaben wird: „Denn du wirst meine Seele nicht dem Tode lassen und nicht zugeben, dass dein Heiliger die Grube sehe." Ist das nicht fast wie bei Jesus und seiner Auferstehung? Dass Gott ihn aus der Grabeshöhle befreit, in die Jesu Leichnam nach der Kreuzigung gelegt wurde. Und dass Jesus den Tod besiegt und das Leben durchsetzt. Und alle, die an ihn glauben, daran Anteil nehmen lässt.

17. Sonntag nach Trinitatis

Lesung: Galaterbrief 3,26-29

Ihr seid alle durch den Glauben
Gottes Kinder in Christus Jesus.
Denn ihr alle, die ihr auf Christus getauft seid,
habt Christus angezogen.
Hier ist nicht Jude noch Grieche,
hier ist nicht Sklave noch Freier,
hier ist nicht Mann noch Frau;
denn ihr seid allesamt einer in Christus Jesus.
Gehört ihr aber Christus an,
so seid ihr ja Abrahams Nachkommen
und nach der Verheißung Erben.

IMPULS: Die christliche Gemeinde erscheint hin und wieder wie eine Vorwegnahme des Reiches Gottes. Schon in dieser Welt gibt sie einen Blick frei in die jenseitige Welt. Weil es hier anders zugeht. Alle gelten als Gotteskinder. Das ist nicht nur eine Zusage, sondern zugleich auch eine schwierige Aufgabe. Wir sollen von dem Geschenk weitergeben, dass uns Jesus Christus annimmt, wie wir sind. Die üblichen Auf- und Einteilungen, die in der Welt wichtig sind, gelten hier nicht. Ob jemand als Jude geboren wurde oder nicht, ist gleichgültig. Hier geht es vor allem um die Liebe Christi. Auch die Rollen zwischen den Geschlechtern treten in den Hintergrund. Und es ist unwichtig, ob jemand als Freier oder als Sklave geboren ist. Die Festlegung auf Herkunft, Geschlecht oder soziale Stellung sind wie aufgehoben, wenn die Leute getauft sind und damit ihr Leben an Jesus Christus überstellt haben.

Nun wissen wir natürlich, dass solche Prinzipien nur die eine Seite sind. So etwas gelingt nie vollständig. Und manchmal geht es in einer Gemeinde genauso zu wie in normalen Versammlungen. Das ist kein Wunder. Denn eine Gemeinde setzt sich aus Menschen zusammen. Manche sind lauter als andere und setzen sich leichter mit ihrer Meinung durch. Das musste auch Paulus erleben. Er hat sich häufig gestritten. Im zweiten Kapitel des Galaterbriefes berichtet er von seiner Auseinandersetzung mit Petrus und anderen Größen der Jerusalemer Gemeinde. Gerade weil er davon weiß, wie schnell manche in der Gemeinde die Macht ergreifen und andere ohnmächtig zurücklassen, schreibt Paulus davon, dass die Menschen hier grundsätzlich gleich sind. Alle sind Gotteskinder. Und die Rollen, die sie im normalen Leben spielen müssen, können sie in der Gemeinde beiseitelegen.

So schwer das auch ist, es wäre gut, wenn sich Kirche und Gemeinden davon etwas zu eigen machen, damit das Machtgefälle mehr und mehr abgebaut wird zwischen denen, die schon lange dazugehören und denen, die neu dazukommen. Oder auch zwischen den Geschlechtern und zwischen den sozialen Gruppen. Dann ist tatsächlich das Reich Gottes schon in dieser Welt gegenwärtig – zumindest für den einen oder anderen Moment.

Erntedank

Lesung: 1. Timotheusbrief 4,4-5
Alles, was Gott geschaffen hat, ist gut,
und nichts ist verwerflich,
was mit Danksagung empfangen wird;
denn es wird geheiligt durch das Wort Gottes und Gebet.

IMPULS: Erntedank ist ein Tag des Nachdenkens. Wir denken daran, was Gott uns schenkt und geschenkt hat und wofür wir ihm danken können. Gottes Gaben, an die wir uns an Erntedank erinnern, sind vielfältig. Er schenkt uns weit mehr als die Früchte, mit denen wir in den Gottesdiensten die Altäre schmücken. Wir können alles, was wir zum Leben brauchen, als Gottesgeschenk begreifen: die Zeit, die wir zum Leben haben, den Ort, an dem wir uns zuhause wissen, das Dach über dem Kopf, die Menschen in unserer Nähe, den Beruf, der uns erfüllt und natürlich die Nahrung, die wir zum Leben brauchen. Indem wir Gott für all das danken, erkennen wir ihn als unseren Gott an. Jeder für sich. In unserem Dank drückt sich aus, dass wir Gott als den ansehen, der uns mit den Gaben beschenkt, die unser Leben ermöglichen und bereichern.

Nichts ist verwerflich, was Gott geschaffen hat und wofür wir ihm gedankt haben, behauptet der Schreiber des ersten Timotheusbriefes. Das klingt, als ob unser Dank alles auf eine neue Ebene hebt. Das gilt auch für die Dinge des täglichen Lebens. Selbst normale und profane Alltagsgegenstände erhalten dadurch einen besonderen Glanz, indem wir sie im Dankgebet vor Gott nennen. Wenn wir sie als Gabe Gottes wertschätzen und ihm dafür dankbar sind, bekommen sie für uns ein besonderes Gewicht. Wenn wir Gott für etwas danken, zeigen wir, wie wertvoll es für uns ist.

Das tut einfach gut. Immer wieder darüber nachzudenken, wofür wir Menschen Gott dankbar sein können. Das lässt die Seele hell werden. Und macht selbst aus einem eher bescheidenen Tag im Rückblick eine geschenkte und gefüllte Zeit. Die trüben Gedanken werden zur Seite geschoben durch die Dankbarkeit. Wer auf diese Weise Gott dankbar ist, wird mehr und mehr zu einem glücklichen und fröhlichen Menschen. Wie gut täte es der Menschheit, wenn sie durchzogen wäre von solchen Menschen, die darüber nachdenken, wofür sie Gott dankbar sein können und das immer wieder tun.

18. Sonntag nach Trinitatis

Lesung: 1. Petrusbrief 4, 7-11

Es ist nahe gekommen das Ende aller Dinge.

So seid nun besonnen und nüchtern zum Gebet.

Vor allen Dingen habt untereinander beharrliche Liebe;

denn „Liebe deckt der Sünden Menge zu" (Sprüche 10,12).

Seid gastfrei untereinander ohne Murren.

Und dienet einander

ein jeder mit der Gabe, die er empfangen hat,

als die guten Haushalter der mancherlei Gnade Gottes:

Wenn jemand redet, rede er's als Gottes Wort;

wenn jemand dient, tue er's aus der Kraft,

die Gott gewährt,

damit in allen Dingen Gott gepriesen werde

durch Jesus Christus.

Ihm sei Ehre und Macht von Ewigkeit zu Ewigkeit!

Amen.

IMPULS: Am 18. Sonntag nach Trinitatis geht es um das Zentrum der christlichen Lebenskunst: um die Liebe zu Gott und zum Nächsten. Wo es uns gelingt, sowohl Gott als auch den Nächsten zu lieben, erfüllen wir alle Gebote. Die Liebe zu Gott muss sich bewähren in der Liebe zu den anderen, die oft schwierig sind oder nerven und uns auf den Geist gehen. Manchen scheint es zu reichen, ihre Liebe auf Gott zu lenken. Aber nur Gott lieben, reicht nicht. Liebe braucht immer ein menschliches Gegenüber. Erst wo es uns gelingt, die schwierigen Menschen, die jedes Leben kreuzen, mit den Augen der Liebe anzusehen und wertzuschätzen, werden wir zu guten Haushaltern der Gnade Gottes. Da beanspruchen wir Gottes Gnade nicht nur für uns selbst. Sondern tragen sie weiter in die oft schwierigen Beziehungen, die es auch im Nahbereich gibt, sogar in der eigenen Familie, im Berufsleben und auch in der Gemeinde. Dann bildet sich Gottes Gnade in unserem Tun ab. Mehr können wir nicht tun. Mehr geht einfach nicht. Wo uns das gelingt, sind wir dem Reich Gottes wirklich nahe.

Leider sind wir Menschen meist nicht in der Lage, unsere Mitmenschen dauerhaft so zu lieben. Wie schnell denken wir negativ über andere und machen sie klein oder lästern über sie? Wie schnell gehen wir schwierigen Menschen aus dem Weg? Auch in unseren Gemeinden hören wir oft nicht zu, wenn unsere Schwestern und Brüder uns ihre Sorgen anvertrauen. Darum gibt der Schreiber des ersten Petrusbriefes uns einen guten Rat im Umgang mit den Menschen in unseren Gemeinden: Wir sollen einander mit den Gaben dienen, die uns Gott geschenkt hat. Die einen können verkündigen, die anderen sind handwerklich begabt, die einen können nüchtern rechnen, die anderen planen besonnen. Wo jeder die Aufgabe wahrnimmt, zu der er oder sie begabt ist, dienen wir Gott und den Menschen auf eine gute Weise. Damit geben wir das weiter, was wir von Gott erhalten haben. Wo das gelingt, da erweisen wir uns wirklich als Haushalter Gottes.

19. Sonntag nach Trinitatis

Lesung: 2. Buch Mose 34,4-10

Mose hieb zwei steinerne Tafeln zu,
wie die ersten waren,
und stand am Morgen früh auf
und stieg auf den Berg Sinai,
wie ihm der Herr geboten hatte,
und nahm die zwei steinernen Tafeln in seine Hand.
Da kam der Herr hernieder in einer Wolke
und trat daselbst zu ihm.
Und er rief aus den Namen des Herrn.
Und der Herr ging vor seinem Angesicht vorüber,
und er rief aus:
Herr, Herr, Gott, barmherzig und gnädig
und geduldig und von großer Gnade und Treue,
der da Tausenden Gnade bewahrt
und vergibt Missetat, Übertretung und Sünde,
aber ungestraft lässt er niemand,
sondern sucht die Missetat der Väter heim
an Kindern und Kindeskindern
bis ins dritte und vierte Glied.
Und Mose neigte sich eilends zur Erde und betete an
und sprach:
Hab ich, Herr, Gnade vor deinen Augen gefunden,
so gehe der Herr in unserer Mitte,
denn es ist ein halsstarriges Volk;
und vergib uns unsere Missetat und Sünde
und lass uns dein Erbbesitz sein.

Und der Herr sprach: Siehe, ich will einen Bund schließen:
Vor deinem ganzen Volk will ich Wunder tun,
wie sie nicht geschaffen sind in allen Landen
und unter allen Völkern,
und das ganze Volk, in dessen Mitte du bist,
soll des Herrn Werk sehen;
denn wunderbar wird sein, was ich an dir tun werde.

IMPULS: Gott lässt sein Volk nicht im Stich. Obwohl er dazu manchen Grund gehabt hätte. Selbst als sich das Volk ein selbstgegossenes goldenes Kalb anfertigte und es anbetete, bleibt Gott den Seinen treu. Er lässt Mose zwei Tafeln aus Stein hauen, die den Gesetzestafeln ähnlich sehen, durch die Gott Mose die Zehn Gebote offenbart hatte. Mose hatte die Gesetzestafeln vor Zorn über das goldene Götterbild zerbrochen und vor Schreck, als er sah, dass sein Volk ekstatisch um es herumtanzte und es anbetete.

Gott knüpft bald darauf ein neues Band mit seinem Volk. Er ruft Mose auf den heiligen Berg, wo er ihm wieder begegnet. Und wo er ihm seinen Namen deutet: Jahwe bezeichnet einen Gott, der barmherzig ist, „gnädig und geduldig und von großer Gnade und Treue, der da Tausenden Gnade bewahrt und vergibt Missetat, Übertretung und Sünde." Gottes Name ist anders als unsere Namen. Sein Name beschreibt sein innerstes Wesen. Und Gott verhält sich seinem Namen gemäß. Er handelt barmherzig und gnädig.

Mose versteht, was ihm Gott mit der Deutung seines Namens sagt. Nur so wird verständlich, warum er Gott darum bittet, in der Mitte seines Volkes zu wohnen, auch wenn es ein halsstarriges Volk ist. Solange Gott fern im Himmel ist oder auf einem heiligen Berg, werden die Israeliten uneinsichtig bleiben. Sobald Gott aber inmitten der Menschen ist, muss sich das ändern, denkt Mose. Und Gott lässt sich darauf ein. Er lässt sich rufen. Er schließt sogar einen Bund mit den Israeliten, die er von nun an unter allen Völkern erwählt. Er will ihr Gott sein und sie sollen sein Volk sein. Zum Bundesschluss gehört, dass Gott sein Volk segnet und ihm das verheißene Land zusagt. Dass er es beschützt und bewahrt vor feindlichen Völkern. Und natürlich gehört zum Bundesschluss auch die Aufforderung an das Volk, Gottes Willen zu tun und ihn zu lieben und zu ehren. Aber weil Gott barmherzig und gnädig heißt, bleibt er auch dann dem Bundesschluss treu, wenn ihn sein Volk betrübt. Gott lässt es bis heute nicht im Stich. Darum stehen wir Christen auf Seiten dieses Volkes. Und wir können darüber hinaus gewiss sein, dass Gott auch zu uns hält und uns zur Seite steht.

Reformationstag

Lesung: Römerbrief 3,21-28

Nun ist ohne Zutun des Gesetzes
die Gerechtigkeit, die vor Gott gilt, offenbart,
bezeugt durch das Gesetz und die Propheten.
Ich rede aber von der Gerechtigkeit vor Gott,
die da kommt durch den Glauben an Jesus Christus
zu allen, die glauben.
Denn es ist hier kein Unterschied:
Sie sind allesamt Sünder
und ermangeln des Ruhmes,
den sie vor Gott haben sollen,
und werden ohne Verdienst gerecht aus seiner Gnade
durch die Erlösung,
die durch Christus Jesus geschehen ist.
Den hat Gott für den Glauben hingestellt
zur Sühne in seinem Blut
zum Erweis seiner Gerechtigkeit,
indem er die Sünden vergibt, die früher begangen wurden
in der Zeit der Geduld Gottes,
um nun, in dieser Zeit, seine Gerechtigkeit zu erweisen,
auf dass er allein gerecht sei
und gerecht mache den,
der da ist aus dem Glauben an Jesus.
Wo bleibt nun das Rühmen?
Es ist ausgeschlossen.
Durch welches Gesetz?
Durch das Gesetz der Werke?
Nein, sondern durch das Gesetz des Glaubens.
So halten wir nun dafür,
dass der Mensch gerecht wird ohne des Gesetzes Werke,
allein durch den Glauben.

IMPULS: Es gibt Menschen, die am liebsten über sich selbst reden und damit angeben, was sie alles Gutes getan haben oder gerade tun. Das Problem ist, dass das kein Mensch mag. Niemand kann das Selbstlob eines anderen längere Zeit ertragen. Auch Gott mag es nicht, wenn wir uns rechtfertigen und ihm zeigen, wie toll das ist, was wir tun. Das drückt Paulus in seinem Römerbrief klar und deutlich aus. Es kommt aus seiner Sicht vor allem auf den Glauben an Jesus Christus an. Nicht auf das, was wir Menschen können, leisten oder tun. Denn die Gerechtigkeit, die vor Gott gilt, können wir uns nicht selbst erwerben, sondern uns immer nur schenken lassen. Nach Gottes Maßstäben zählen wir Menschen von uns aus – ohne Unterschied – zu den Sündern, die vor ihm ohne jeden Ruhm dastehen.

Manche werfen ein, dass Paulus uns Menschen durch diese Vorstellung kleinhält. Als können wir Menschen nichts tun, was vor Gott zählt. Wir seien wie Kinder, denen die Eltern dauernd sagen müssen, wo es langgeht. Wenn Paulus so verstanden wird, hätten diese Leute vollständig recht. Aber haben sie Paulus nicht missverstanden? Er verweist zwar auf Gottes Gnade, durch die uns alles Wesentliche geschenkt wird. Aber Gott will uns dadurch nicht klein, sondern – im Gegenteil – groß machen. Nur, dass wir nicht groß werden, indem wir etwas tun, sondern allein durch den Glauben an Jesus Christus. Wir bekommen durch den Glauben die Gerechtigkeit geschenkt, die vor Gott gilt. Als Glaubende sind wir in Gottes Augen so wertvoll wie für Eltern ihre eigenen Kinder.

Weil wir durch den Glauben Gotteskinder werden, ist das Rühmen ausgeschlossen, sagt Paulus. Dieser Glaube ist das größte Geschenk, das uns Gott machen kann. Es wäre völlig verkehrt, wenn wir uns etwas auf unseren Glauben einbilden. Hier ist jedes Selbstlob ausgeschlossen und das ist gut so. Denn letztlich geht es allen nur auf die Nerven, wenn wir dauernd über uns reden und das hervorheben, was wir geleistet haben oder gegenwärtig leisten.

20. Sonntag nach Trinitatis

Lesung: 2. Korintherbrief 3,3-6[7-9]

Es ist offenbar geworden,
dass ihr ein Brief Christi seid durch unsern Dienst,
geschrieben nicht mit Tinte,
sondern mit dem Geist des lebendigen Gottes,
nicht auf steinerne Tafeln,
sondern auf fleischerne Tafeln der Herzen.
Solches Vertrauen aber haben wir durch Christus zu Gott.
Nicht dass wir tüchtig sind von uns selber,
uns etwas zuzurechnen als von uns selber;
sondern dass wir tüchtig sind, ist von Gott,
der uns auch tüchtig gemacht hat
zu Dienern des neuen Bundes,
nicht des Buchstabens, sondern des Geistes.
Denn der Buchstabe tötet, aber der Geist macht lebendig.
[Wenn aber der Dienst, der den Tod bringt
und der mit Buchstaben in Stein gehauen war,
Herrlichkeit hatte,
sodass die Israeliten
das Angesicht des Mose nicht ansehen konnten
wegen der Herrlichkeit auf seinem Angesicht,
die doch aufhörte,
wie sollte nicht der Dienst, der den Geist gibt,
viel mehr Herrlichkeit haben?
Denn wenn der Dienst, der zur Verdammnis führt,
Herrlichkeit hatte,
wie viel mehr hat der Dienst, der zur Gerechtigkeit führt,
überschwängliche Herrlichkeit.]

IMPULS: Ein Brief ist eine Nachricht an andere Menschen. Es gibt ganz unterschiedliche Briefe – gezielte und ungezielte, hochgradig persönliche und eher solche, die wie eine Werbung an viele gleichzeitig gesandt werden. Der Liebesbrief richtet sich an eine ganz besondere Person: den Geliebten oder die Geliebte. Ein geschäftliches Schreiben an die Geschäftspartner. Der eine Brief ist mit der Hand geschrieben, der andere wurde mit dem PC oder der Schreibmaschine verfasst. Oder er wurde vielfach kopiert oder gar gedruckt. Doch in jedem Brief geht es darum, einen Inhalt von einem zum anderen zu vermitteln.

Paulus benutzt im zweiten Korintherbrief den Brief als Bild für uns Christinnen und Christen. Die Gemeindemitglieder in Korinth sind – so drückt er sich aus – ein handgeschriebener Brief Christi. Was für ein Lob! Mehr können sie nicht sein, wenn ihnen daran gelegen ist, die christliche Botschaft weiterzutragen in die Welt. Wenn das, was Paulus der Gemeinde in Korinth schreibt, auch für uns gilt, mag das manchen Sorgen bereiten. Sind wir heute in der Lage, die christliche Botschaft weiterzugeben? Wie ein Brief, der klar und deutlich die Botschaft des Glaubens ausdrückt? Leben wir unseren Glauben so, dass über uns zurecht gesagt werden kann, wir seien ein Brief Christi?

Um das Bild des Briefes Christi richtig zu verstehen, müssen wir uns die Verhältnisse in der Gemeinde in Korinth vor Augen führen. Dort gab es unter den Verkündigern geradezu ein Konkurrenzverhältnis. Manche legten Empfehlungsbriefe aus anderen Gemeinden vor. Paulus lehnt solche Schreiben ab. Für ihn wird dadurch das Geheimnis des Glaubens an Jesus Christus geradezu verdreht. Als ob es auf diejenigen ankommt, die ihn verkündigen. Dabei ist der Glaube immer ein Geschenkt des Geistes Gottes. Um ein Brief Christi zu sein, braucht es in erster Linie den Heiligen Geist. Er befähigt uns bis heute, so wie wir sind, ein Liebesbrief zu sein, mit dem wir unsere Liebe zu Jesus Christus zeigen.

21. Sonntag nach Trinitatis

Lesung: Matthäus 5,38-48
Jesus lehrte seine Jünger und sprach:
Ihr habt gehört, dass gesagt ist:
„Auge um Auge, Zahn um Zahn." (2. Buch Mose 21,24)
Ich aber sage euch,
dass ihr nicht widerstreben sollt dem Bösen,
sondern: Wenn dich jemand
auf deine rechte Backe schlägt,
dem biete die andere auch dar.
Und wenn jemand mit dir rechten will
und dir deinen Rock nehmen,
dem lass auch den Mantel.
Und wenn dich jemand eine Meile nötigt,
so geh mit ihm zwei.
Gib dem, der dich bittet,
und wende dich nicht ab von dem,
der etwas von dir borgen will.
Ihr habt gehört, dass gesagt ist:
„Du sollst deinen Nächsten lieben" (3. Buch Mose 19,18)
und deinen Feind hassen.
Ich aber sage euch:
Liebt eure Feinde und bittet für die, die euch verfolgen,
auf dass ihr Kinder seid eures Vaters im Himmel.
Denn er lässt seine Sonne aufgehen über Böse und Gute
und lässt regnen über Gerechte und Ungerechte.

Denn wenn ihr liebt, die euch lieben,
was werdet ihr für Lohn haben?
Tun nicht dasselbe auch die Zöllner?
Und wenn ihr nur zu euren Brüdern freundlich seid,
was tut ihr Besonderes?
Tun nicht dasselbe auch die Heiden?
Darum sollt ihr vollkommen sein,
wie euer himmlischer Vater vollkommen ist.

IMPULS: „Auge um Auge, Zahn um Zahn". Dieses archaisch klingende Gesetz ist einfach und konsequent. Es diente im alten Israel als wichtige Regelung, durch die willkürliche Rache ausgeschlossen wurde. Alle sind vor diesem Gesetz gleich. Niemand kann sich freikaufen. Aber der Grundsatz des „Auge um Auge, Zahn um Zahn" kann schnell gnadenlos und unmenschlich sein. Und es stellt sich die Frage, ob dem Geschädigten damit wirklich geholfen ist.

Jesus überbietet mit seiner Antithese diese Regelung. Statt Gleiches mit Gleichem zu vergelten, lehrt Jesus eine Friedensethik. Wenn einem – in demütigender Weise – auf die rechte Backe geschlagen wird, soll man nicht zurückschlagen. Stattdessen sollen Jesu Nachfolgerinnen und Nachfolger dem Schläger die linke Backe darbieten. Nicht als Provokation, sondern als Friedenszeichen. Die Logik des Gottesreiches soll schon im Hier und Jetzt gelebt werden. Denn im Reich Gottes, von dem Jesus in seinen Gleichnissen erzählt, werden die bürgerlichen Selbstverständlichkeiten überwunden: Alle Arbeiter erhalten den gleichen Lohn, ob sie den ganzen Tag oder nur eine Stunde gearbeitet haben. Oder der Sohn, der sein Erbe verprasst hat, wird vom Vater nach seiner Rückkehr wieder als Sohn angenommen. Wer die linke Backe hinhält oder dem, der um den Rock streitet, auch noch den Mantel gibt, der erweist sich als wahres Gotteskind, das nach den Grundsätzen des Reiches Gottes zu leben sucht.

Im Reich Gottes geht es schließlich um Liebe. Sie soll sich entfalten. Und zwar nicht nur, indem wir die lieben, die unsere Schwestern und Brüder sind. Das ist erwartbar. Neu an Jesu Ethik ist das Anliegen, auch die Feinde in die Liebe einzuschließen und für die zu beten, die einem nicht wohl gesonnen sind. Das ist bis heute eine Herausforderung, die den wenigsten gelingt und wenn, dann nur punktuell oder kaum überzeugend. Aber Jesus setzt mit seiner Ethik ein Maß, das sich am Reich Gottes orientiert. Wo es uns auch nur punktuell gelingt, uns mit anderen zu versöhnen, Streit zu schlichten und Frieden zu stiften, da ist das Reich Gottes schon gegenwärtig. Nicht vollständig, aber doch deutlich spürbar und zwar bereits im Hier und Jetzt.

22. Sonntag nach Trinitatis

Lesung: Micha 6,1-8

Hört doch, was der Herr sagt:
„Mach dich auf,
führe einen Rechtsstreit mit den Bergen,
auf dass die Hügel deine Stimme hören!"
Hört, ihr Berge, den Rechtsstreit des Herrn,
ihr starken Grundfesten der Erde;
denn der Herr will mit seinem Volk rechten
und mit Israel ins Gericht gehen!
„Was habe ich dir getan, mein Volk,
und womit habe ich dich beschwert?
Das sage mir!
Habe ich dich doch aus Ägyptenland geführt
und aus der Knechtschaft erlöst
und vor dir her gesandt Mose, Aaron und Mirjam.
Mein Volk, denke doch daran,
was Balak, der König von Moab, vorhatte
und was ihm Bileam, der Sohn Beors, antwortete;
wie du hinüberzogst von Schittim bis nach Gilgal,
damit du erkennst,
wie der Herr dir alles Gute getan hat."
„Womit soll ich mich dem Herrn nahen,
mich beugen vor dem Gott in der Höhe?
Soll ich mich ihm mit Brandopfern nahen,
mit einjährigen Kälbern?

Wird wohl der Herr Gefallen haben
an viel tausend Widdern,
an unzähligen Strömen von Öl?
Soll ich meinen Erstgeborenen
für meine Übertretung geben,
meines Leibes Frucht für meine Sünde?"
Es ist dir gesagt, Mensch, was gut ist
und was der Herr von dir fordert:
nichts als Gottes Wort halten und Liebe üben
und demütig sein vor deinem Gott.

IMPULS: Es ist eine verwegene Vorstellung, zu der der Prophet Micha hier im Namen Gottes aufruft. Sein Volk soll Gott anklagen. Die Leute scheinen daran zu glauben, Gott gram sein zu müssen. Sie fühlen sich von ihm allein gelassen und einem aussichtslosen Kampf gegen die großen Weltmächte ausgeliefert. Wenn sich aber überall Kritik an Gott breitmacht, dann sollen die Israeliten ihren Gedanken Taten folgen lassen. Sie sollen Gott verklagen. Und zwar in aller Öffentlichkeit: vor den Bergen und auf den Hügeln. Die Grundfesten der Erde sollen als Richter auftreten.

Doch schnell ändert sich die Ausgangslage. Der Angeklagte wird unversehens selbst zum Kläger. Gott fragt sein Volk, was er ihm angetan und womit er es beschwert habe. Um dann fortzufahren, was er alles für die Israeliten geleistet hat, als er sie aus Ägypten führte und sie aus der Sklaverei befreite. Wie er ihnen Mose, Aaron und Mirjam gab, die den Weg durch die Wüste wiesen. Und wie er sie bewahrt hat vor dem Fluch Bileams. Am Ende der Gerichtsverhandlung haben sich die Rollen gedreht. Nun steht das Volk Gottes vor Gericht. Und wird schuldig gesprochen.

Doch wie sollen die Menschen nach dieser Gerichtsszene mit Gott wieder klarkommen? Sollen sie das im Sinne der Tradition tun? Und Gott Opfer bringen, wie sie es gewohnt sind? Also Gottesdienste und Opferfeste im Tempel feiern? Nein, antwortet Micha. Er sieht den ganzen Tempelkult kritisch. Statt ihm zu opfern, fordert Gott von seinem Volk eine andere Haltung, eine andere Ethik. Als allererstes sollen die Seinen sich im Sinne des göttlichen Wortes gerecht verhalten, den Nächsten lieben und vor ihm demütig sein. Das ist der Kern des Glaubens. Das Adjektiv demütig, beschreibt dabei, wie wir uns Gott gegenüber verhalten können: nicht, dass wir uns vor ihm klein machen; sondern, dass wir ihm den Raum geben, der ihm zusteht und das tun, was uns selbst möglich ist; dass wir also Gott nicht infrage stellen, sondern auf seinen Willen achten und nach seinen Geboten handeln.

23. Sonntag nach Trinitatis

Lesung: Römerbrief 13,1-7

Jedermann sei untertan der Obrigkeit,
die Gewalt über ihn hat.
Denn es ist keine Obrigkeit außer von Gott;
wo aber Obrigkeit ist, ist sie von Gott angeordnet.
Darum: Wer sich der Obrigkeit widersetzt,
der widerstrebt Gottes Anordnung;
die ihr aber widerstreben, werden ihr Urteil empfangen.
Denn die Gewalt haben,
muss man nicht fürchten wegen guter,
sondern wegen böser Werke.
Willst du dich aber nicht fürchten vor der Obrigkeit,
so tue Gutes,
dann wirst du Lob von ihr erhalten.
Denn sie ist Gottes Dienerin, dir zugut.
Tust du aber Böses, so fürchte dich;
denn sie trägt das Schwert nicht umsonst.
Sie ist Gottes Dienerin
und vollzieht die Strafe an dem, der Böses tut.
Darum ist es notwendig, sich unterzuordnen,
nicht allein um der Strafe,
sondern auch um des Gewissens willen.
Deshalb zahlt ihr ja auch Steuer;
denn sie sind Gottes Diener,
auf diesen Dienst beständig bedacht.
So gebt nun jedem, was ihr schuldig seid:
Steuer, dem die Steuer gebührt;
Zoll, dem der Zoll gebührt;
Furcht, dem die Furcht gebührt;
Ehre, dem die Ehre gebührt.

IMPULS: Was für Paulus aus pragmatischer Sicht sinnvoll scheint, wird im 20. Jahrhundert zum brennenden Streitthema: Können wir den Staat und seine Führung als von Gott eingesetzt ansehen? Wenn er zum Terrorstaat verkommen ist? Für Paulus spielt Politik immer nur die zweite Geige. Ihm kommt es vor allem darauf an, das Evangelium von Jesus Christus ungehindert verkündigen zu können. Solange der Staat das zulässt, muss aus seiner Sicht der heidnische Staat nicht infrage gestellt werden. Christinnen und Christen sollen sich gesetzestreu verhalten. Selbstverständlich sollen sie Steuern und Zoll zahlen.

Während der NS-Zeit war es dagegen falsch, die Obrigkeit als von Gott eingesetzt zu bezeichnen und der NS-Diktatur zu gehorchen. Obwohl sie eine menschenverachtende Politik betrieb, den Zweiten Weltkrieg begann und die jüdische Bevölkerung und alle, die ihnen nicht ins Bild passten, in den Vernichtungslagern ermordete. Immer wieder wurde von kritischen Zeitgenossen damals ein anderes Bibelwort genannt: „Man muss Gott mehr gehorchen als den Menschen" (Apostelgeschichte 5,29b). Es ist bedrückend zu lesen, wie vor allem lutherische Theologen während der NS-Zeit eher auf das 13. Kapitel des Römerbriefs verwiesen und damit ihre unkritische Haltung zu Hitler und seinem Regime rechtfertigten. Seit dem Ende der NS-Herrschaft ist klar, dass die Kirchen politische Verantwortung tragen und ein Gegenüber zu staatlichen Stellen bilden.

Dabei reicht schon ein Blick auf das gesamte 13. Kapitel des Römerbriefes. Die Obrigkeit wird dort als Gottes Dienerin bezeichnet. Was man nicht nur als Indikativ lesen sollte, sondern auch als Imperativ. Gute Politik muss sich wie eine Dienerin verhalten. Das lässt sie demütig sein und verbietet Machtmissbrauch. Wo Politik diesem Anspruch nicht gerecht wird, müssen die Kirchen ihr heute widersprechen. Denn letztlich geht es darum, den Willen Gottes in der Welt groß zu machen. Sobald die Regierung aber ihrer Verpflichtung nicht nachkommt, ihre Bürgerinnen und Bürger zu schützen, müssen Christinnen und Christen gegen sie protestieren und zwar im Großen wie im Kleinen.

24. Sonntag nach Trinitatis

Lesung: Markus 1,21-28

Jesus und seine Jünger gingen hinein nach Kapernaum;
und alsbald am Sabbat
ging er in die Synagoge und lehrte.
Und sie entsetzten sich über seine Lehre;
denn er lehrte sie mit Vollmacht
und nicht wie die Schriftgelehrten.
Und alsbald war in ihrer Synagoge ein Mensch,
besessen von einem unreinen Geist; der schrie:
Was haben wir mit dir zu schaffen, Jesus von Nazareth?
Bist du gekommen, uns zu vernichten?
Ich weiß, wer du bist: der Heilige Gottes!
Und Jesus bedrohte ihn und sprach:
Verstumme und fahre aus von ihm!
Und der unreine Geist riss ihn hin und her
und schrie laut und fuhr aus von ihm.
Und sie entsetzten sich alle,
sodass sie sich untereinander befragten und sprachen:
Was ist das?
Eine neue Lehre in Vollmacht!
Er gebietet auch den unreinen Geistern,
und sie gehorchen ihm!
Und die Kunde von ihm erscholl alsbald überall
in das ganze Land um Galiläa.

IMPULS: „Ich weiß, wer du bist", sagt der kranke Mann. „Du bist der Heilige Gottes!" Ausgerechnet ein – nach damaliger Vorstellung – besessener Mensch versteht Jesus am besten. Er hört, wie Jesus in der Synagoge spricht. Und er fühlt sich von seinen Worten offensichtlich angegriffen. Jesus lehrt anders als die Schriftgelehrten. Seine Verkündigung bewegt die Menschen in ihren Herzen. Seine Worte rütteln auf. Was für ein Unterschied zu dem, was wir heute an Verkündigung kennen. Aktuell orientieren sich manche Predigenden an dem, wie die Schriftgelehrten sprachen und viel zu wenig am Auftreten Jesu. Ist unsere Verkündigung heute deshalb zu nüchtern und wenig bewegend? In unseren Gottesdiensten gelingt es uns oft kaum, den ganzen Menschen anzusprechen mit allen Sinnen, mit Herz und Verstand.

Die Kirche und die kirchliche Verkündigung brauchen heute mehr Mut, wie Jesus zu predigen. Es braucht mehr Wagnis, damit nicht nur über Gott geredet wird, sondern in seinem Namen. In den Predigten sollte nicht nur über die biblischen Texte gesprochen werden. Stattdessen sollen diese Texte mit dem Leben verknüpft werden. Die Hörenden müssen hineingenommen werden in die biblischen Geschichten, die voller Leben sind und zugleich voller Glauben. Wo uns das gelingt, da wird die Verkündigung wieder lebendig und glaubwürdig – da kommt Gott selbst zu Wort.

Vielleicht braucht es auch den Mut zu radikal neuen Formen von Gottesdienst und Verkündigung. Jesu Predigt in der Synagoge zu Kapernaum war jedenfalls kein Monolog. Jesus lässt einen Dialog zu, der sich bald zu einem handfesten Streit auswächst. Der kranke Mann schreit Jesus an: „Was haben wir mit dir zu schaffen, Jesus von Nazareth?" Das ist ein starkes Stück mitten in einem Gottesdienst. Aber es ist noch viel stärker, dass Jesus den Mann nicht zum Störenfried erklärt. Jesus reagiert nicht vorhersehbar, sondern im Sinne der Liebe. Er sieht, wie geschunden dieser Mann ist. Und seine Worte haben Kraft, ihn zu heilen und von seinen inneren Wunden zu befreien.

Drittletzter Sonntag
des Kirchenjahres

Lesung: Micha 4,1-5[7b]

In den letzten Tagen wird der Berg,
darauf des Herrn Haus ist, fest stehen,
höher als alle Berge und über alle Hügel erhaben.
Und die Völker werden herzulaufen,
und viele Heiden werden hingehen und sagen:
Kommt, lasst uns hinauf zum Berge des Herrn gehen
und zum Hause des Gottes Jakobs,
dass er uns lehre seine Wege
und wir in seinen Pfaden wandeln!
Denn von Zion wird Weisung ausgehen
und des Herrn Wort von Jerusalem.
Er wird unter vielen Völkern richten
und mächtige Nationen zurechtweisen in fernen Landen.
Sie werden ihre Schwerter zu Pflugscharen machen
und ihre Spieße zu Sicheln.
Es wird kein Volk wider das andere das Schwert erheben,
und sie werden hinfort nicht mehr lernen, Krieg zu führen.
Ein jeder wird unter seinem Weinstock
und Feigenbaum wohnen,
und niemand wird sie schrecken.
Denn der Mund des Herrn Zebaoth hat's geredet.
Ein jedes Volk wandelt im Namen seines Gottes,
aber wir wandeln im Namen des Herrn, unseres Gottes,
immer und ewiglich!
[Und der Herr wird König über sie sein auf dem Berge Zion
von nun an bis in Ewigkeit.]

IMPULS: Wie gut, dass es diese Friedensvision gibt: dass die Völker ihre Kriegsgeräte umschmieden zu Werkzeugen des Friedens; dass niemand mehr Soldat werden muss oder lernen, Krieg zu führen; dass jeder im Frieden und unter gerechten Bedingungen leben kann. Ein solches friedliches Miteinander beschreibt der Prophet Micha als von Gott gewolltes Ziel der Geschichte. Rund um den Berg Zion werden sich die heidnischen Völker versammeln. Und sie werden im Tempel nach Gottes Willen fragen, auch wenn sie weiterhin ihre eigenen Götter verehren. Am Ende wird Gott König über alle Völker sein.

Zwei Gründe sind es, die Michas Vision so besonders erscheinen lassen: Wie schnell Krieg entsteht, lesen oder sehen wir fast täglich in den Tageszeitungen und Nachrichten. An vielen Punkten der Erde herrschen Krieg oder Bürgerkrieg. Von einer friedlichen Welt sind wir weit entfernt. In Europa werden die Ausgaben für das Militär gegenwärtig massiv erhöht. Die Zeit der Abrüstung scheint aktuell vorbei zu sein. Umso wichtiger ist dieses Friedensbild, dass am Ende der Zeit Schwerter zu Pflugscharen und Spieße zu Sicheln werden. Die Vision ist wie ein Protest gegen jeden rücksichtslosen Angriffskrieg.

Der andere Grund führt weiter. Nach den Worten des Propheten Micha dürfen unterschiedliche religiöse Überzeugungen kein Kriegsgrund sein. Gott kämpft nicht an der Seite von Soldaten. Er steht im Krieg immer auf der Seite der Opfer. Das weiß Micha. In seiner Vision kommen deshalb alle Völker zusammen zum Zion. Auch die „heidnischen" Völker, die aber nach ihrer eigenen Vorstellung gar keine Heiden sind. Sie haben nur andere Götter als das Volk Israel. Das mag damals immer wieder ein triftiger Grund zum Streit oder gar Krieg gewesen sein. Doch Micha hat eine Vision: „Ein jedes Volk wandelt im Namen seines Gottes, aber wir wandeln im Namen des Herrn, unseres Gottes, immer und ewiglich!" Das bedeutet, dass er die religiösen Vorstellungen der anderen Völker als deren eigene Angelegenheit versteht. Es kommt ihm lediglich darauf an, dass sein eigenes Volk seinem Gott treu bleibt und ihm vertraut.

Vorletzter Sonntag
des Kirchenjahres

Lesung: Römerbrief 14,[1-6]7-13
[Den Schwachen im Glauben nehmt an
und streitet nicht über Meinungen.
Der eine glaubt, er dürfe alles essen.
Der Schwache aber isst kein Fleisch.
Wer isst, der verachte den nicht, der nicht isst;
und wer nicht isst, der richte den nicht, der isst;
denn Gott hat ihn angenommen.
Wer bist du, dass du einen fremden Knecht richtest?
Er steht oder fällt seinem Herrn.
Er wird aber stehen bleiben;
denn der Herr kann ihn aufrecht halten.
Der eine hält einen Tag für höher als den andern;
der andere aber hält alle Tage für gleich.
Ein jeder sei seiner Meinung gewiss.
Wer auf den Tag achtet, der tut's im Blick auf den Herrn;
wer isst, der isst im Blick auf den Herrn,
denn er dankt Gott;
und wer nicht isst, der isst im Blick auf den Herrn nicht
und dankt Gott auch. Denn:]
Unser keiner lebt sich selber,
und keiner stirbt sich selber.
Leben wir, so leben wir dem Herrn;
sterben wir, so sterben wir dem Herrn.
Darum: wir leben oder sterben, so sind wir des Herrn.
Denn dazu ist Christus gestorben
und wieder lebendig geworden,
dass er über Tote und Lebende Herr sei.
Du aber, was richtest du deinen Bruder?

Oder du, was verachtest du deinen Bruder?

Wir werden alle vor den Richterstuhl Gottes gestellt werden.

Denn es steht geschrieben:

„So wahr ich lebe, spricht der Herr,

mir sollen sich alle Knie beugen,

und alle Zungen sollen Gott bekennen." (Jesaja 45,23)

So wird nun jeder von uns

für sich selbst Gott Rechenschaft geben.

Darum lasst uns nicht mehr einer den andern richten;

sondern richtet vielmehr darauf euren Sinn,

dass niemand seinem Bruder

einen Anstoß oder Ärgernis bereite.

IMPULS: Wie schnell herrscht in einer christlichen Gemeinde Streit? Obwohl es dort anders zugehen könnte als in anderen Gemeinschaften. Doch häufig finden sich gerade in der Kirche sehr unterschiedliche Meinungen. Das kann durchaus anstrengend werden. Auch Paulus musste das immer wieder in vielen Gemeinden erleben, die er gründete und später besuchte. Hin und wieder hat er sich selbst mit Andersdenkenden auseinandergesetzt. Wenn es um den Kern des befreienden Glaubens an Jesus Christus ging, riskierte er durchaus den Streit. Dann konnte er sich mit seinen Überzeugungen nicht zurückhalten. Immer dort, wo er die christliche Botschaft gefährdet sah, schritt er ein.

Doch im 14. Kapitel des Römerbriefes lernen wir die andere Seite des Missionars kennen. Paulus weiß, dass es viele weniger wichtige Punkte im Christenleben gibt, über die es sich nicht zu streiten lohnt. Wenn es um Fragen des Privatlebens geht, denkt Paulus weit. Über das, was die Leute essen, ist seiner Meinung nach jeder Streit unangebracht. Ähnlich denkt er darüber, ob manche einen Feiertag achten und andere nicht. Viel wichtiger, als hier einen Standpunkt einzunehmen und auf der eigenen Meinung zu bestehen scheint ihm die Einheit der Christenheit. Die ist gefährdet, wo Andersdenkende verachtet oder gar als Sünder angesehen werden. Verschiedene Ansichten oder Lebensweisen muss eine Gemeinde nach Meinung des Paulus aushalten. Da klingt er geradezu modern.

Wenn wir beachten, dass im alten Rom Tiere stets mit kultischem Hintergrund geschlachtet wurden, kommen wir ins Staunen über dieses großmütige Denken. Man kann nämlich durchaus verstehen, warum sich manche nur vegetarisch ernährten. Götzenopferfleisch zu essen, erschien vielen wie ein Frevel. Entscheidet sich an den Essgewohnheiten, ob jemand als Christ lebt oder nicht? Auch heute tut es uns in unseren Gemeinden gut, wenn wir großzügiger miteinander umgehen. Statt auf andere herabzuschauen oder sie zu verurteilen. Ein Urteil über unser Leben und das der anderen wird es bei Gott geben. Er ist der einzige, dem ein solches Urteil wirklich zusteht.

Buß- und Bettag

Lesung: Lukas 13, [1-5] 6-9
[Einige berichteten Jesus von den Galiläern,
deren Blut Pilatus mit ihren Opfern vermischt hatte.
Und er antwortete und sprach zu ihnen:
Meint ihr, dass diese Galiläer mehr gesündigt haben
als alle andern Galiläer,
weil sie das erlitten haben?
Ich sage euch: Nein;
sondern wenn ihr nicht Buße tut,
werdet ihr alle ebenso umkommen.
Oder meint ihr, dass die achtzehn,
auf die der Turm von Siloah fiel und erschlug sie,
schuldiger gewesen seien als alle andern Menschen,
die in Jerusalem wohnen?
Ich sage euch: Nein;
sondern wenn ihr nicht Buße tut,
werdet ihr alle ebenso umkommen.]
Jesus sagte ihnen dies Gleichnis:
Es hatte einer einen Feigenbaum,
der war gepflanzt in seinem Weinberg,
und er kam und suchte Frucht darauf und fand keine.
Da sprach er zu dem Weingärtner:
Siehe, drei Jahre komme ich
und suche Frucht an diesem Feigenbaum
und finde keine.
So hau ihn ab!

Was nimmt er dem Boden die Kraft?
Er aber antwortete und sprach zu ihm:
Herr, lass ihn noch dies Jahr,
bis ich um ihn herum grabe und ihn dünge;
vielleicht bringt er doch noch Frucht;
wenn aber nicht, so hau ihn ab.

IMPULS: Zwei Ereignisse wühlen die Leute zur Zeit Jesu auf: Sie regen sich über den römischen Statthalter Pontius Pilatus auf, der ein Blutbad unter galiläischen Pilgern anrichten ließ in dem Moment, als sie im Tempel ihre Opfer darbringen wollten. Das zweite Ereignis, das die Menschen bewegt, ist der zusammengestürzte Turm an der Jerusalemer Stadtmauer, in der Nähe des Siloah-Teiches, der offenbar achtzehn Personen erschlug.

Statt sich über Pilatus und seine Tat aufzuregen oder den Schlendrian der römischen Besatzungsmacht zu beklagen, die sich nicht hinreichend um die Stadtbefestigung gekümmert hat, erklären manche Leute die Opfer für schuldig. Gott habe sie für ihre Sünden bestraft, behaupten sie ins Blaue hinein. Damit ziehen sie einen Rückschluss, nach dem es einen Zusammenhang zwischen Tun und Ergehen gibt: Die Leute müssen selbst etwas Schlimmes getan haben, sonst hätte Gott sie jetzt bewahrt. Dieser sogenannte „Tun-Ergehens-Zusammenhang", wurde schon im Alten Testament im Buch Hiob ad absurdum geführt. Auch Jesus sieht darin keinen Sinn. Wenn, dann haben alle Menschen Schuld auf sich geladen. Es ist darum grundverkehrt, mit Fingern auf andere und deren Sünde zu zeigen. Wer mit einem Finger auf andere zeigt, weist bekanntlich mit drei Fingern auf sich selbst.

Im Gleichnis vom Feigenbaum macht Jesus das deutlich. Der Baum wurde mit der Hoffnung auf süße Frucht gepflanzt. Aber nachdem er drei Jahr lange keine Feigen trägt, soll der Gärtner ihn fällen. Wozu braucht es den Feigenbaum, wenn er nicht das tut, wozu er da ist? Doch so ist es im Reich Gottes nicht, um das die Gleichnisse Jesu kreisen. Bei Gott gibt es eine andere Logik: Der Gärtner bittet um Aufschub. Er will die Erde um den Feigenbaum noch ein Jahr umgraben und düngen. Damit er am Ende gute Frucht bringt. Der Buß- und Bettag ist für uns wie solcher Dünger mitten im Leben. Er befähigt uns, das zu tun, wozu Gott uns geschaffen hat: Gutes tun und dort, wo uns das nicht gelingt, unsere Schuld vor Gott zu bekennen.

Letzter Sonntag des Kirchenjahres: Ewigkeitssonntag

Lesung: Psalm 126,1-6

Ein Wallfahrtslied.

Wenn der Herr die Gefangenen Zions erlösen wird,
so werden wir sein wie die Träumenden.

Dann wird unser Mund voll Lachens
und unsre Zunge voll Rühmens sein.

Da wird man sagen unter den Völkern:
Der Herr hat Großes an ihnen getan!

Der Herr hat Großes an uns getan;
des sind wir fröhlich.

Herr, bringe zurück unsre Gefangenen,
wie du die Bäche wiederbringst im Südland.

Die mit Tränen säen,
werden mit Freuden ernten.

Sie gehen hin und weinen und tragen guten Samen
und kommen mit Freuden und bringen ihre Garben.

IMPULS: Am Ewigkeitssonntag steigen Erinnerungen auf – ob am Grab, in der Kirche oder zuhause. Mitten im Alltag reicht manchmal schon ein kleiner Anstoß und es ist, als ob ein Verstorbener oder eine Verstorbene neben uns steht; als wären wir Träumende. Wenn im Radio sein Lied läuft – nur ein paar Töne – ist die Erinnerung da: Die Tür geht auf und er kommt herein, setzt sich an den Tisch – fast wie früher.

Es ist wie damals – und doch ganz anders. So anders, dass gleich darauf Tränen kommen. Bittersüß sind diese Bilder, das Zurückdenken an die gemeinsame Zeit: wie es war, vor wenigen Wochen erst oder vor Monaten, Jahren. Am Ewigkeitssonntag verbinden viele ähnliche Erfahrungen: einen Menschen verloren zu haben – im vergangenen Jahr oder vor zwei, drei, vielen Jahren. Der verloren gegangene Mensch war wichtig und fehlt nun – vor allem in der Zeit, in der die Tage kürzer werden. Bald wird es Advent und Weihnachten. Dann ist es, als sei die erinnerte Zeit erst gestern gewesen. Es ist schön, dass es diese Erinnerungen gibt, aber schwer zu akzeptieren, dass ein Mensch unwiderruflich gegangen ist.

Der letzte Sonntag im Kirchenjahr ist wie ein Fenster in diese andere, rätselhafte Welt, die Ewigkeit heißt. Uns wird ein Blick gewährt über den Tellerrand unserer Welt hinaus. Vergangenheit und Gegenwart verbinden sich hier mit der fernen Zukunft. Wir sind voller Hoffnung, dass Gott die Menschen aus dem Tod befreit, an die wir uns erinnern. Wir wissen nicht, wie es sein wird, aber es gibt den sehnlichen Wunsch nach einer Begegnung. Der Ewigkeitssonntag ist ein Tag der Sehnsucht, dass sich die Erinnerungen wieder mit Leben füllen. Gut, dass es sie gibt. Gut, dass wir Bilder haben, die die Hoffnung zeigen. Wir bleiben nach dem Tod in Gottes Hand zusammen mit denen, die uns im Leben wichtig sind und wichtig waren.

Letzter Sonntag des Kirchenjahres: Totensonntag

Lesung: Psalm 90,1-14[15-17]

Ein Gebet des Mose, des Mannes Gottes.
Herr, du bist unsre Zuflucht für und für.
Ehe denn die Berge wurden
und die Erde und die Welt geschaffen wurden,
bist du, Gott, von Ewigkeit zu Ewigkeit.
Der du die Menschen lässest sterben
und sprichst: Kommt wieder, Menschenkinder!
Denn tausend Jahre sind vor dir
wie der Tag, der gestern vergangen ist,
und wie eine Nachtwache.
Du lässest sie dahinfahren wie einen Strom,
sie sind wie ein Schlaf,
wie ein Gras, das am Morgen noch sprosst,
das am Morgen blüht und sprosst
und des Abends welkt und verdorrt.
Das macht dein Zorn, dass wir so vergehen,
und dein Grimm, dass wir so plötzlich dahinmüssen.
Denn unsre Missetaten stellst du vor dich,
unsre unerkannte Sünde ins Licht vor deinem Angesicht.
Darum fahren alle unsre Tage dahin durch deinen Zorn,
wir bringen unsre Jahre zu wie ein Geschwätz.
Unser Leben währet siebzig Jahre,
und wenn's hoch kommt, so sind's achtzig Jahre,
und was daran köstlich scheint,
ist doch nur vergebliche Mühe;
denn es fähret schnell dahin, als flögen wir davon.

Wer glaubt's aber, dass du so sehr zürnest,
und wer fürchtet sich vor dir in deinem Grimm?
Lehre uns bedenken, dass wir sterben müssen,
auf dass wir klug werden.
Herr, kehre dich doch endlich wieder zu uns
und sei deinen Knechten gnädig!
Fülle uns frühe mit deiner Gnade,
so wollen wir rühmen
und fröhlich sein unser Leben lang.
[Erfreue uns nun wieder, nachdem du uns so lange plagest,
nachdem wir so lange Unglück leiden.
Zeige deinen Knechten deine Werke
und deine Herrlichkeit ihren Kindern.
Und der Herr, unser Gott, sei uns freundlich
und fördere das Werk unsrer Hände bei uns.
Ja, das Werk unsrer Hände wollest du fördern!]

IMPULS: Am letzten Sonntag des Kirchenjahres denken wir Christinnen und Christen an die Menschen, die vor uns gestorben sind und die in unserem Leben eine Rolle gespielt haben. Manche von ihnen fehlen uns bitter. In vielen Gottesdiensten wird deshalb am Totensonntag an die Verstorbenen gedacht und ihre Namen verlesen. In der Regel werden für sie Kerzen angezündet und ein Gebet gesprochen für sie und ihre Angehörigen. Und oft erklingt der 90. Psalm.

Darin wird die Kürze des Lebens thematisiert. Es fährt so schnell dahin, als flögen wir davon, heißt es dort. Dass es nur siebzig oder achtzig Jahre dauert, entspricht heute etwa der durchschnittlichen Lebenserwartung. Manches Mal aber werden Menschen deutlich älter oder sterben früher. Insgesamt verlängert sich die Zeit des Lebens von Generation zu Generation. Und doch bleibt das Maß des Lebens begrenzt. Darin unterscheiden wir Menschen uns grundsätzlich von Gott, der ewig ist. Er war schon da, ehe die Berge und die Welt geschaffen wurden. Und bleibt bis in Ewigkeit. Deshalb ist er die Zuflucht, an die wir uns wenden, wenn wir um Menschen trauern, die gestorben sind und die uns fehlen. Aber auch im Blick auf das eigene Leben ist Gott der Fluchtpunkt, der alles Leben in seiner Hand hält.

Die Begrenztheit des Lebens kann sehr unterschiedlich beurteilt werden. Das zeigt sich auch in Psalm 90, wo auf der einen Seite geradezu positiv davon gesprochen wird, dass Gott unser Leben begrenzt, indem er spricht: „Kommt wieder, Menschenkinder!" Doch auf der anderen Seite wird die Kürze des Lebens als Ergebnis des göttlichen Zorns gewertet: „Das macht dein Zorn, dass wir so vergehen, und dein Grimm, dass wir so plötzlich dahinmüssen." Wie auch immer wir mit unserem Schicksal umgehen, am Ende sterben zu müssen – ob es uns bitter scheint oder wie eine Erlösung –, es ist wichtig, daran während des Lebens zu denken. Der Tod gehört ganz natürlich zum Leben. Nur wenn wir das verstehen, handeln wir während unseres Lebens klug und einsichtig. Darum bitten wir an letzten Sonntag des Kirchenjahres Gott darum: „Lehre uns bedenken, dass wir sterben müssen, auf dass wir klug werden."

Neue Gebete für die Gottesdienst-Gestaltung

Am 1. Advent 2018 trat die neue Ordnung gottesdienstlicher Texte und Lieder in Kraft.

Die Änderungen bei den Texten und Liedern der verschiedenen Sonn- und Feiertage erfordern für die Gestaltung der Gottesdienste neue Tages-und Fürbittengebete. Auch die neuen Wochenlieder wollen bei der Vorbereitung der Gottesdienste bedacht werden. Für diese Vorbereitung bietet dieses Buch zahlreiche Hilfen an. Es stellt die wichtigsten Texte der neuen Perikopenordnung zusammen und enthält jeweils eine Psalmmeditation, ein Tages- und ein Fürbitten-gebet sowie weitere meditative Texte und Impulse.

Stephan Goldschmidt
Denn du bist unser Gott
Gebete, Texte und Impulse für die Gottesdienste des Kirchenjahres.
Zur neuen Perikopenordnung 2018

gebunden,
mit zwei Lesebändchen
und eingelegter CD-ROM,
352 Seiten,
ISBN 978-3-7615-6553-7

Gebete für jede Gelegenheit

Schon wieder Ostern? Ein neues Morgengebet? Auch für geübte Pfarrerinnen und Pfarrer ist es nicht leicht, in jeder Situation die richtigen und stets neue Worte zu finden.

Diese inspirierende Sammlung steckt voller neuer Gebete für den Gottesdienst, die Gemeindearbeit oder auch zur persönlichen Andacht. Neben den Höhepunkten des Kirchenjahres machen die aktuellen und biografischen Themen dieses Gebetsbuch zu etwas ganz Besonderem: Von Rassismus über Sexualität bis hin zum Älterwerden.
Ihr Kennzeichen: Eine klare Sprache, Leidenschaft für theologische Tiefe und die Auseinandersetzung mit auch kontroversen Themen.

Der inspirierende Zusatzteil regt zur Reflexion der eigenen Gebetspraxis und -theologie an: durch theologische Denkanstöße sowie konkrete sprachliche und handwerkliche Impulse zum Schreiben eigener Gebete.

Sylvia Bukowski,
Jochen Denker, Holger Pyka
Worte finden
Neue Gebete für
Gottesdienst und Alltag

gebunden, mit Leseband, 208 Seiten
ISBN 978-3-7615-6779-1

 neukirchener